明代登科錄彙編三

廣西鄉試錄序

文辭與政化相為流通政化盛則文辭亦盛唐虞三代之文厄於秦起於漢病於三國顯於宋晦于元至我

太祖高皇帝混一區宇三光五嶽之氣完而文運大興凡聲教所被雖遐

阸辟壅必建學立師以作養人材
三載一開科試以文辭而較其德
藝之賢且能者合試于禮部蓋欲
取真材以輔成千萬世太平之業
也猗歟盛哉
皇上纘承
列聖之統而於育材取士尤注意焉成

化辛卯歲當大比復
詔天下開科綱羅賢俊時廣西巡按御
史羅明左布政使黃鎬右布政使
何宜按察使袁凱左參政袁愷右
參政程泰副使吳綽范鏞左參議
黃塤右參議馮維僉事何漢宗羅
明葉淇湯璟恪建

威憲奉
命惟謹預期走聘詞學之臣以主文
衡先是獞猺梗化黌宮罷講
朝廷命將出師以討平之留令右都
御史韓雍總督軍務便宜巡撫其
地作興有年且與總鎮太監陳瑄
鎮守少監黃沁總兵官陳銳副總

兵夏正同心協謀芟除殘孽用是
邉城寧謐士得專於學業無復荷
戈倚烽之患而又慮夫民困未蘇
特戒所司謂令歲山林學宫抱藝
來試者視昔有加凡科塲供給所
需悉取公帑毋勞于民尤須崇尚
節儉以振士風以奉宣

德意於是巡按御史羅明申考察之
條嚴冒籍之禁合九郡之士環棘
而三試之其於綜覈防範立法甚
密內而提調監試則左布政使黃
鎬副使吳綽與夫受卷彌封謄錄
對讀諸執事亦皆精一時之選而
藩臬諸重臣內外一心無私無怠

自鎖院至撤棘得文辭之純粹不悖於道者五十五人錄成將獻于
天府謂蒿忝司文衡宜有言以序首簡竊惟六經四書之文皆聖賢載道之器也文以明道政以行道自鄉舉里選之法不可復古隋唐以來科目取士雖歷代沿革盛衰不一

率皆考經書之文辭以校德藝之高下縉紳發軔用是為榮而人君之化理天下亦未嘗不藉此榮階以為輔治之具也登名是錄者不亦榮矣乎雖然榮者辱之對也諸士子行當上春官對

大廷將有民社之寄必當心聖賢之

心服聖賢之言使膏澤被生民榮
名垂竹帛斯不負所學而亦不負
當道諸名公奉宣
德意作養人材之盛心也若徒售虛
名媒利祿靜言庸違無補於治將
使人人指而議之辱斯甚矣復何
足謂學而後入政行義以達其道

者哉孔子曰不患無位患所以立
書曰罔俾阿衡專美有商曷敢書
此以為登庸諸士子勸
廣東南雄府保昌縣儒學教諭秦
和單昺謹序

成化七年廣西鄉試

監臨官

巡按廣西監察御史羅明 文貽福建南平縣人丙戌進士

提調官

廣西等處承宣布政使司左布政使黃鎬 叔高福建候官縣人乙丑進士

監試官

廣西等處提刑按察司副使吳綽 主寬江西永新縣人辛未進士

考試官

廣東南雄府保昌縣儒學教諭單昺 廷亮江西泰和縣人 壬午貢士
浙江嘉興府嘉興縣儒學教諭張瑄 廷獻江西永新縣人 癸酉貢士

同考試官

福建建寧府儒學教授董珏 廷玉浙江鄞縣人 庚午貢士
湖廣永州府零陵縣儒學教諭袁敬 欽武江西吉水縣人 癸酉貢士
廣東肇慶府四會縣儒學訓導張濬 文哲福建侯官縣人 己卯貢士
湖廣長沙府湘潭縣儒學訓導鄔祥 天福江西豐城縣人 己卯貢士
直隸松江府儒學訓導胡昇 景昭福建建寧縣人 癸酉貢士

收掌試卷官
廣西布政使司照磨所照磨楊智 思明福建晉江縣人 甲申進士
慶遠府知府孔儒 宗學湖廣嘉魚縣人 庚午貢士
印卷官
廣西布政使司經歷司都事王璿 廷玉貴州卬水長官司人監生
受卷官
桂林府同知孫期 成之江西豐城縣人 丙子貢士
彌封官

廣西都司斷事司斷事梁和 文禮廣東順德縣人 癸酉貢士

謄錄官

桂林府全州知州汪鏞 廷振直隷祁門縣人 癸酉貢士

對讀官

桂林府陽朔縣試知縣楊綱 秉衷湖廣巴陵縣人 壬午貢士

巡綽官

桂林中衛指揮使王綱 國政直隷潁上縣人

桂林右衛指揮僉事李剛 秉直直隷薊州人

搜撿官
桂林中衛指揮使武昇　湖廣華容縣人
桂林右衛指揮使韓鐸　文振河南汝陽縣人
監門官
桂林中衛左所正千戶陳宥　德裕直隷䕃上縣人
桂林右衛後所副千戶郭瑛　廷玉河南新安縣人
供給官
桂林府推官閉魯　希尹廣西横州人癸酉貢士

桂林府臨桂縣縣丞蒲璧 世用廣東海陽縣人監生
桂林府稅課司大使侯銘 維新湖廣石首縣人吏員
桂林府遞運所大使潘受 廷秀廣東海豐縣人吏員
桂林府臨桂縣東江驛驛丞萬奇 廷珍廣東南海縣人承差
掌行科舉文字
廣西布政司典吏劉宣 湖廣零陵縣人
謄錄對讀生員戴晃等陸拾伍名

第一場

四書

其心休休焉其如有容焉人之有技若己有之人之彥聖其心好之不啻若自其口出寔能容之

夫子之不可及也猶天之不可階而升也夫子之得邦家者所謂立之斯立道之斯行綏之斯來動之斯和

仁義忠信樂善不倦此天爵也

易經

六四中行獨復象曰中行獨復以從道也

六五敦復无悔象曰敦復无悔中以自考也

父父子子兄兄弟弟夫夫婦婦而家道正正家而天下定矣象曰風自火出家人君子以言有物而行有恒

天地設位而易行乎其中矣

六爻相雜唯其時物也其初難知其上易知本末也初辭擬之卒成之終若夫雜物撰德辨是與非則非其中爻不備

書經

五載一巡守羣后四朝

學于古訓乃有獲事不師古以克永世匪說攸聞惟學遜志務時敏厥脩乃來允

懷于兹道積于厥躬惟斆學半念終始

典于學

太保朝至于洛卜宅厥既得卜則經營越

三日庚戌太保乃以庶殷攻位于洛汭

越五日甲寅位成若翼日乙卯周公朝

至于洛則達觀于新邑營越三日丁巳

用牲于郊牛二越翼日戊午乃社于新

邑牛一羊一豕一越七日甲子周公乃

朝用書命庶殷侯甸男邦伯厥既命殷

庶庶殷丕作

其大惇典殷獻民

詩經

遊于北園四馬既閑輶車鸞鑣載獫歇驕

蓼彼蕭斯零露湑兮既見君子我心寫兮

燕笑語兮是以有譽處兮

天生烝民有物有則民之秉彝好是懿德

天監有周昭假于下保茲天子生仲山甫仲山甫之德柔嘉維則令儀令色小心翼翼

實維阿衡實左右商王

春秋

季子來歸閔公元年

公及齊侯宋公陳侯衛侯鄭伯許男曹伯會王世子于首止　鄭伯逃歸不盟

僖公五年

公會王人齊侯宋公衛侯許男曹伯陳世子款盟于洮僖公八年　公會宰周公齊侯宋子衛侯鄭伯許男曹伯于葵丘僖公九年丙午及荀庚盟丁未及孫良夫盟成公三年

公會齊侯于夾谷定公十年　叔孫州仇帥師墮郈　季孫斯仲孫何忌帥師墮

費（定公十二年）齊國書帥師伐我（哀公十一年）

公會吳于橐皋（哀公十二年）

禮記

脩其教不易其俗齊其政不易其宜中國

戎夷五方之民皆有性也不可推移

仁以愛之義以正之如此則民治行矣

是故仁人之事親也如事天事天如事親

是故孝子成身

祭薦祭酒敬禮也嚌肺嘗禮也啐酒成禮也於席末

第貳場

論

人主以天下為度

詔誥表內科壹道

擬漢宣帝以黃霸為潁川太守詔

擬唐以李乾祐為侍御史誥

擬宋以歐陽脩爲刑部尚書謝表

判語五條

上言大臣德政

出納官物有違

禁止師巫邪術

縱放軍人歇役

詐欺官私取財

第叁場

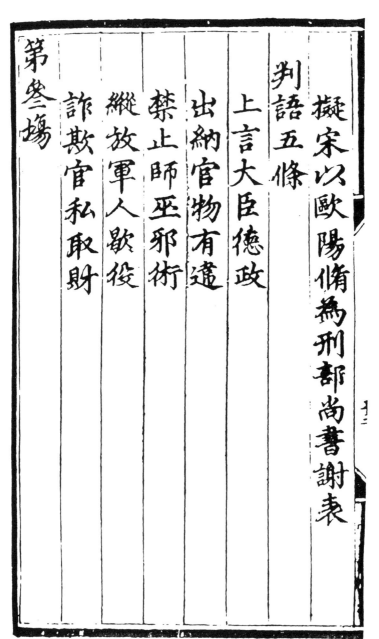

策五道

問聖人繼天立極必有制作之典以垂憲
天下後世仰惟我
太祖高皇帝製為大誥三編
太宗文皇帝輯成孝順事實為善陰隲二書
宣宗章皇帝纂為五倫書誠萬世不刊之盛典
也然孝順陰隲專載為孝為善之人其
為孝而身致公輔為善而慶流苗裔者

多矣何者為最顯歟五倫一書備著人
倫之道其能盡君臣父子之倫長幼朋
友之義者衆矣何者為最優歟三書與
大誥之所載者果有相通之說歟抑各
不相為用歟諸士子佩誦之久必體而
行之矣果以何者為法歟請著于篇
問恬退廉介君子守身之大節不可以不
講也稽之於古私書不至則復擢御史

廉吏子孫則特加甄錄故當時有年方强仕而請觧機務者有年未知命而遂求掛冠者有禮部第一而不肯自陳者有父任執政而不肯就試者其人之恬退可慕也可得而言歟有官居鼎鼐無地樓臺者有馬諳舊路龜放長江者有歸自南海不載一物者有出判端城不持一硯者其人之廉介可敬也可得而

指歟今之抑奔競法固嚴矣而望塵雅拜者或有之戒貪墨法亦至矣而囊帛饜金者猶自若伊欲人人皆尚恬退守廉介而無愧於古之人果何道而致諸生必有定見請詳著之以觀適用之學

問廣西古百粵地也當海嶺荊衡之衝而山川清淑之氣鍾爲人物後先相望不可以一二計也姑舉其名之彰著者試

與諸士子論之有博學能文而位至國
子祭酒者有狀元及第而官至翰林學
士者有通五經而主上爲之歎賞者有
應四舉而治行爲之卓異者有直言無
隱而當時著廉靜之聲者有忠義勇敢
而郡人祠力戰之勞者他如事母至孝
而父子同以孝道聞授徒不倦而父子
皆以科目顯與夫白雲先生鄉人有書

樓之號東山野叟挍老得贈送之詩之
數君子皆著盛名於當時而流聲光於
後世者也諸士子生長是邦必有景慕
而效法之者願陳其實於篇以觀尚交
之學毋徒曰古之人古之人

問大學中庸乃聖賢傳心之要典也然大
學言在明明德而明明德二字本於何書
中庸言天命之謂性而性之一字起於

何時大學特詳於心中庸特詳於性何
所言不同歟中庸專主於誠大學專主
於敬何所主有異歟大學三章何以言
君臣父子國人而不及於兄弟夫婦歟
中庸二十章何以言君臣父子昆弟朋
友而又不及於國人歟孝弟慈三者人
心之同然也何獨於大學言之知仁勇
三者天下之達德也何獨於中庸發之

中庸所謂明善本之大學何章大學所
謂止至善合於中庸何旨至於程子又
以大學為初學入德之門中庸為孔門
傳授心法何所指而言歟此皆諸士子
熟讀而素講者也請詳著于篇以觀本
領之學

問錢法之為國家利尚矣先湯之時特為
水旱一時之設未嘗倚之以為經常計

也而用爲國家經常之計起於何時自子母之說起而輕重之制屢更有爲筴錢之鑄有爲八銖之行或罷半兩而鑄五銖或變五銖而鑄直百復起於何代而昉於何人歟厥後制度紛更有秤錢之令有置用之法而民用愈難有以徑寸而當十有以寸二分而當五十而錢法愈弊弛禁放鑄而富埒天子者誰歟

改元更鑄而當三之請又誰歟方
今錢法阻滯有禁偽造有律可謂嚴矣而廣
西市廛交易有以九十八而當錢一百
有以九十而折銀一錢者其弊猶在伊
欲均之果何法歟諸士子生長是邦幸
為我考古準今而詳言之毋隱

中式舉人五十五名

第一名　李澄　臨桂縣學生　詩
第二名　王時　臨桂縣學生　書
第三名　覃愢　羅城縣學增廣生　易
第四名　秦武　桂林府學生　春秋
第五名　鄒弘　全州學生　禮記
第六名　黃綸　藤縣學生　春秋

第七名　雷震　全州學生　書

第八名　唐瑄　陽朔縣學生　詩

第九名　林庸　桂林府學生　易

第十名　方祥　平南縣學生　禮記

第十一名　李然　梧州府學生　書

第十二名　戴琚　柳州府學增廣生　詩

第十三名　宋璋　賓州學生　易

第十四名　馮良輔　慶遠府學增廣生　書

第十五名　陳昜　柳州府學生　詩
第十六名　桂茂　太平府學生　春秋
第十七名　陸森　永淳縣學生　禮記
第十八名　葉昌　桂林府學生　易
第十九名　蔡鑾　橫州學生　書
第二十名　易綸　柳州府學生　詩
第二十一名　王輔　臨桂縣學生　書
第二十二名　李麟　陽朔縣學生　詩

第二十三名 李鰲 平南縣學生 易

第二十四名 栢青 宜山縣學增廣生 書

第二十五名 秦欽 象州學生 詩

第二十六名 徐亮 陽朔縣學生 易

第二十七名 張絅 橫州學生 春秋

第二十八名 蔣茂 興安縣學生 禮記

第二十九名 秦傑 靈川縣學生 詩

第三十名 蔣昇 全州學生 書

第三十一名　宋瑚　太平府學生　易

第三十二名　黃晉　臨桂縣學增廣生　書

第三十三名　唐俊　興安縣學生　詩

第三十四名　李瓚　桂林府學生　易

第三十五名　容懋　陽朔縣學增廣生　春秋

第三十六名　韋瓘　平南縣學生　禮記

第三十七名　黃端　潯州府學生　書

第三十八名　鄭紀　柳州府學生　詩

第三十九名　黄英　臨桂縣學增廣生　易

第四十名　梁容振　貴縣學學生　詩

第四十一名　蔣霖　興安縣學學生　書

第四十二名　零混　横州學生　詩

第四十三名　張興　靈山縣學學生　書

第四十四名　馬騶　布政司照磨所吏　易

第四十五名　黎澄　梧州府學生　詩

第四十六名　張綸　桂林府學生　禮記

第四十七名　白誠　臨桂縣學生　詩

第四十八名　熊鑾　宣化縣學生　書

第四十九名　顏堯　慶遠衛軍　春秋

第五十名　宋清　慶遠府學生　易

第五十一名　張叙　横州學生　禮記

第五十二名　葉蕃　梧州府學生　詩

第五十三名　李紀　梧州府學生　書

第五十四名　易讚　慶遠府學生　易

第五十五名　韋海　思恩軍民府學生　書

四書

夫子之不可及也猶天之不可階而升也夫子之得邦家者所謂立之斯立道之斯行綏之斯來動之斯和

李澄

同考試官教諭袁　批　夫子不可及正在感人神速處見之此作體認得出且遣辭簡當必亮

作手

考試官教諭張　批　此篇形容聖人不可及處明

白切當宜居首選

考試官敎諭單　批　理明辭簡允宜錄出

賢者喻聖人之不可及必言聖化感應之神速者以驗之也夫聖人之不可及以其大而能化也賢者既喻之推天矣苟不卽感應之神速者以驗之又何以見其所以不可及者哉昔子貢因子禽有仲尼豈賢於子之言旣責其言之不謹矣於此復曉之若曰大可以思勉及之化則非思勉之所能及矣夫子大而化之泯然無迹猶天之巍巍乎不可以階而升也賢

可以人力為之聖則非人力之所能為矣夫子天縱其聖自然而然猶天之蕩蕩乎不可以攀而至也夫子之不可及如此惜乎窮而未達也設使達而得乎邦家之大正所謂制田里教樹畜以立民之生而民即遂其生道以德齊以禮以教民之行而民即興於行焉民有未來也則惠鮮懷保以綏之民即懽然而歸附民有未化也則鼓舞振作以動之民即翕然而於變焉夫感應神速如此則夫子所以不可及者豈不於此而可見哉 柳觀子貢之於夫子始因武叔論

之則喻之以宮墻繼因武叔毀之則比之以日月至此復因子禽之失言而又曉之以此其所以見夫子之聖自生民以來未之有也吁若子貢者亦可謂善觀聖人而善言德行者矣

仁義忠信樂善不倦此天爵也

覃焬

同考試官訓導胡　批此題作者多不知忠信實此仁義而樂之不倦意殊厭人覩是篇體認真切且能化腐為新其富於問學者歟

考試官教諭張　批　題本剏見作者多無定見而
認理詳明行文通暢僅得此篇
考試官教諭單　批　辭理俱到宜在所取

理之實於己而樂之至者此自然之貴也蓋仁義乃吾心之理也誠能實此理而樂之至焉豈非自然之貴乎孟子言此以示人其意深矣且夫仁者心之德愛之理義者心之制事之宜是仁義也非由外鑠我也實上帝之降衷而為吾心固有之理也亦非自外至也實烝民之秉彝而為吾心本然之善也夫仁義

雖具於己然必忠以實之則仁義之所存者無一毫之虛假信以實之則仁義之所發者無一息之妄偽天仁義既實於己則善爲我有矣由是日用之間亹亹爲樂是善而不已云爲之際勉勉爲樂是善而不倦優游於天理之中從容乎性命之內道德自尊不必公卿大夫而後尊仁義自貴不必析圭儋爵而後貴非趙孟所能貴亦非趙孟所能賤謂之天爵不亦宜哉嗟夫戰國之時道學不明人惟功利是尚而不知有道義之尊是以有脩天爵以要人爵者亦有得

（原稿葉缺二十六）

是父父子子也五爲兄三爲弟長幼之序定是兄兄
弟弟也以至五三爲夫四二爲婦而各正其位又夫
夫婦婦也家其有不正乎然天下之摹範惟在於一
家今也家道既正但見天下之爲父爲子者莫不於
是乎取則爲兄弟爲夫婦者莫不於此乎視效而天
下可定矣夫天下之定既由於家而正家之本又在
於身復即卦象推之内卦爲離其象爲火外卦爲巽
其象爲風風自火出由内及外有家人之象君子觀
斯象也可不脩其身乎然一身之樞機惟在乎言行

必也言之出諸口者皆有物而無虛誕之失行之履
諸身者皆有恒而無作輟之弊言行能謹則身以脩
而家可齊矣愚所謂推卦畫以見正家而成夫治化
推卦象以見正家而本於脩身者以此抑論之天下
國家之本在身夫子於此既言之矣厥後曾子傳大
學則曰自天子至於庶人一是皆以脩身為本子思
作中庸則曰凡為天下國家有九經曰脩身也至孟
子又曰天下之本在國國之本在家家之本在身其
原皆出於此也先儒以此為性命之源豈不信夫

六爻相雜唯其時物也其初難知其上易知本末也初辭擬之卒成之終若夫雜物撰德辨是與非則非其中爻備

覃恕

同考試官訓導胡　批　此篇作者不從則略又多以龍漫講時物殊失本旨此作得之

考試官教諭張　批　化腐為新當是作手

考試官教諭單　批　詞理簡明可取

大傳論六爻之无定用又必分言初上二爻及中四

爻之義也夫六爻唯其時物固无一定之用矣然不分初上二爻及中四爻言之又何以見其義哉且夫易之爲書不外乎卦爻然卦雖有定體而爻則无定用彼初三五位皆陽也陰爻或有時而相雜焉陰之所以雜夫陽者唯其陰之時物而已二四上位皆陰也陽爻或有時而相間焉陽之所以間夫陰者唯其陽之時物而已爻唯時物而无定用如此然不分而言之其義猶未備也且以言夫初上二爻則有本末之理蓋初在卦之始其質未明則難知難知者非本乎

上在卦之終其質已著則易知易知者非末乎惟其難知則所繫之辭必擬之而後得惟其易知則但卒其辭以成其終也以言夫卦中四爻則有互體之義如屯之卦自二至四互體坤也則雜物爲地撰德爲順自三至五互體艮也則雜物爲山撰德爲止位之當也辨其爲是位之不當也辨其爲非是雜物撰德皆具於互體之間辨是與非悉見於中爻之内信非其中爻不能備也聖人分而言之六爻之義益以明矣抑考此章首論互卦之體此言生爻之用與夫初

上二爻卦中四爻下爻又及彖辭而復申論中四爻之義是知立卦生爻者伏羲之功繫彖繫爻者文王周公之功然非夫子推而言之則卦爻之蘊亦無自而白於天下後世也吁此夫子所以爲有功於易也歟

書經

五載一巡守羣后四朝

工時

同考試官教授董　批

此題場中作者不失之淺則失之

之略是篇獨能按經據傳鋪敘明晳非熟於經者
不能置之前列孰曰不宜

考試官教諭張　批　論有虞之制詳而且備佳作也

考試官教諭畢　批　此題本平易而作者類多陳腐
是篇組織經傳成文非稗筆所及

觀盛世五年之內天子時巡乎下諸侯各朝于上蓋
天子而不時巡無以一侯國之制度諸侯而不來朝
無以審政治之得失自非盛世為一定之制又何以
見其上下交通而遠近洽和也哉自今言之天下非

一人所能獨治於是有封建之制諸侯而不能保其
常治於是有巡守之典故有虞之時五載之內天子
巡守者一諸侯來朝者四然取數皆以五為節者五
為天地相合之數君臣之際有天地之義焉是故天
子謂之一巡守者如歲二月東巡守至于岱宗五月
南巡守至于南岳八月西巡守至于西岳十有一月
朔巡守至于北岳然其所以時巡者豈無事而慢遊
哉協時月正日同律度量衡以至脩五禮如五器一
巡守而百度舉也諸侯謂之四朝者如巡守之明年

則東方之諸侯來朝於天子之國又明年則南方之
諸侯來朝又明年則西方之諸侯來朝又明年則北
方之諸侯來朝然其所以來朝者抑豈無事而空行
我敷奏以言明試以功車服以庸一來朝而勸懲行
也是則天子諸侯雖有尊卑而一往一來禮無不答
古之君臣情通政洽其以此歟嗟夫時巡而不新矣
一統之治則無以見政令之出於上來朝而不嚴矣
考課之法則無以見治化之行於下君我舜也不惟
制其禮而又盡其道焉是制也後千餘年復見於成

周驗其跡數而世之升降事之繁簡從可知也吁帝王之治因時損益信夫

大保朝至于洛卜宅厥既得卜則經營越三日庚戌太保乃以庶殷攻位于洛汭越五日甲寅位成若翼日乙卯周公朝至于洛則達觀于新邑營越三日丁巳用牲于郊牛二越翼日戊午乃社于新邑牛一羊一豕一越七日甲子周公乃朝用書命庶殷侯甸男邦伯厥既命殷庶庶殷丕作

王時

同考試官教授董　批此題頭緒頗多場中士子多為所窘僅得是篇析理詳明指陳剴當推之以冠本房允愜輿論

考試官教諭張　批欽頌就制禮經中之翹楚者也

考試官教諭單　批雄健辭整發明周召營洛之意殆無餘蘊

大臣營都既稽諸天而率後極規制之成同列相都

復告諸神而命後得臣民之心蓋洛都之作國天意

之所在亦人心之攸叶也自非周名有以經理之則
萬年之業曷能成於一月之間我且宅洛者武王之
志而成王述之也然成王在豐告廟而名公實先周
公以經理之焉故當三月戊申朝至于洛既卜王城
於澗瀍之間又卜下都於瀍水之外卜云其吉於是
經營其城郭宗廟之所覘度其郊社朝市之位然營
都重事也可不資於民力乎故越三日庚戌則以已
遷在洛之殷民而就役於洛汭之内于焉闢其荊棘
于焉平其高下迨五日甲寅則左祖右社之基定矣

前朝後市之位成矣洛都之作召公固成其位而乙卯之日周公適至其地於是徧觀其所經營周覽其所規制然定都大本也安可不告於神乎故越三日庚戌用牲于郊而祀舉特牲者於尊以簡為誠也明日戊午乃社于新邑而祭用大牢禮者於卑以豐為貴也祀禮既舉役書以頒故七日甲子之晨于以命在洛之庶殷使之悉皆見士于周于以命侯甸男服之邦伯俾之遂以命諸侯也役書既命庶殷子來懽忻鼓舞同一趨事之念明白奮揚均此服役之勤也

由此觀之周名建都同心同德其經理之微密規摹之敏捷若出於一時而成於一人者夫豈後世所可及哉嗟夫營都之事甚為艱大殷之頑民未易役使然召公率以攻位而位成周公用以書命而丕作殷民之難化者猶且如此則其悅以使民可知也厥後周家卜世三十歷年八百信所謂萬億年敬天之休端兆於此矣可不知哉

詩經

天生烝民有物有則民之秉彝好是懿德天監

有周昭假于下保玆天子生仲山甫仲山甫
之德柔嘉維則令儀令色小心翼翼
李澄
同考試官教諭袁　批　此題本平易作者往往泛而不
切惟此篇說理詳明筆力老健蓋麟經中巨擘者
也宜錄之以魁本房
考試官教諭張　批　理明詞暢允宜高薦
考試官教諭單　批　文詞簡潔可取
惟上天均所賦而眷生大臣爲獨異故能全美德而

無間於表裏也盡天之生民均稟同賦苟非大臣獨全其美德而無間於表裏焉又何以見上天生賢之異哉昔宣王命樊侯仲山甫築城于齊而尹吉甫作詩以送之意謂天之生衆民也有是物必有是則如有君臣必有仁敬之則有父子必有慈孝之則是仁也敬也皆凡民所執之常性故其情無不好此美德爲慈也孝也皆衆人所秉之彝理故其情無不悅此懿德爲夫以天生衆民而所性之同如此况皇矣上帝監視有周能以昭明之德感格于下故保祐于寘

寔之中眷顧於眙眙之際而為之生此賢佐曰仲山甫焉則所以鍾其秀氣而全其美德者非特如凡民而已也盖凡民之德柔者未必能嘉惟仲山甫之德柔而能嘉焉常人之德柔嘉必過乎則惟仲山甫之德柔嘉而不過則焉由是令儀令色無一毫之不善莫非此柔嘉之發於外也小心翼翼無纖芥之或怠莫非此柔嘉之存於中也山甫之德表裏一致而異於凡民如此非上天之學有岡烏能然哉雖然仲山甫之德備于身者既極其美而發于事業有不可及

爲故是詩三章以後或備舉其職或兼舉其德或叙其行役之勤或慰其憂國之心不一而足也噫山甫之賢如此非吉甫其能知之深而詠歌之若是哉

實維阿衡實左右商王

李澄

同考試官教諭袁　批　此題朱子謂宜爲祫祭之詩作者多不知元臣配享之意惟此篇主意明白文詞通暢一結尤佳必熟於詩者也高薦何忝

考試官教諭張　批　得商人配享元臣之意可嘉

考試官敎諭單 批 經旨明白行文雄健可取可取

商人於元臣之配享必推原其當大任而有輔君之大功也蓋元臣得與於宗廟配享者由其當大任而有莫大之功於先世也商人於祫祭之頌安得不推本而形諸歌頌哉思昔商之後王有事宗廟之日必以伊尹配享而頌美其功謂夫秉鈞王朝爲天下之所倚平者阿衡也而伊尹實任是官爲持軸政府爲四方之所取正者亦阿衡也而伊尹實任是職爲夫以伊尹之賢而當阿衡之任其負荷不爲不重責任

三十六

不為不專豈徒然哉實能公天下之心竭股肱之力于以左右商王而成王道於天下也功在己之忠盡心膂之寄于以輔相成湯而成大業於當時也彼其受小球大球為下國綴旒人皆知湯脩政事而何天休也殊不知所以左右而成之者尹之功受小共大共為下國駿厖人皆知湯進武功而何天龍也殊不知所以輔相而成之者尹之力吁伊尹之有輔君之大功如此則其得以配享宗廟也宜矣雖然甘棠微木見者興咏故笏細物中心惻然而況覽竹帛之舊

續觀鼎彝之遺銘其可無慨慕遠想之典徽故是詩前三章皆頌成湯功烈至是乃以左右商王歸之阿衡則成湯固爲百世不遷之烈祖而伊尹以佐命之元臣商之子孫凡大享于先王必推之以配焉仁之至義之盡也

春秋

季子來歸　閔公元年

同考試官訓導張　批　題本胡傳作者多戾其旨

黄綸

此篇發揮明白筆力簡嚴是宜錄出

考試官教諭張　批　辭整義明麟經中之特出者

考試官教諭單　批　得春秋特季友之意可取

春秋之於內臣不惟諱其恥而又旌其賢此季友之
出不書奔而來歸特稱字也聖人之情見矣慨夫莊
公不祿子般罹難季友以魯國宗親非不知討賊靖
難為義也但內為哀姜所制外為慶父所專力不能
友乃避難而去陳焉使其不去則勢將軋己禍必逮
身而於宗國之社稷無補矣此季友之所以去者特

為宗國計爾自是而後魯國方危內賊未討季友雖已在陳未嘗不以社稷生民為念也故內困國人之思外困伯國之援一聞齊名即憣然而歸魯焉使其不歸則大奸未必誅魯亂未必已而莊公之統或幾於絶矣此季友所以歸者亦為宗國計爾然季友之去也為魯其歸也為魯夫豈無其功耶由是忠誠顯著歸附益多夫人不敢安其位慶父不得肆其奸僖公之大位由之而定伯禽之社稷以之而安謂非季友之功而何是以聖人惡稱人之惡而樂道人之善

故於其去也不書奔以沒其恥於其歸也特稱字以旌其賢其待季友之意何其深哉吁人知季友之去而不知所以去者拳也人知季友之歸而不知所以歸者義也一去一歸不違乎道此其所以見貴於春秋也獨惜乎于酈之役一戰敗莒不能免乎專兵之譏如齊之行屢勤伯好亦不能免乎專政之責歟後祿去公室政逮大夫未必不由季友啓之也噫季友之賢尚庾於此吾於他臣何尤焉

公會王人齊侯宋公衛侯許男曹伯陳世子款

盟于洮（僖公八年）公會宰周公齊侯宋子衛侯
鄭伯許男曹伯于葵丘（僖公九年）丙午及荀庚
盟 丁未及孫良夫盟（成公三年）

秦武

同考試官訓導張 批 辭語精緻斷制詳明非熟於麟經者不能擢之前列無忝

考試官教諭張 批 断齊桓晉成之得失切當可取

考試官教諭單 批 體認親切行文條暢健羨健羨

春秋予伯主尊王臣之有其節不予望國待外臣之

失其序此齊桓盟王人而會宰孔魯戚先荀庚而後良夫也春秋得不予奪之哉何則王人王朝之下士也宰孔天子之三公也當夫齊桓主伯之時一則謀王室而有告難之行一則報有功而為賜胙之舉使桓公不辨其分而尊之則輕重失倫矣夫豈見貴於春秋耶幸而桓公意謂王人無嫌於同盟則要之以于洮之信宰孔不可以同歃則尊之於葵丘之會其盟王人者非禮之故簡也以其下士之微也其會宰孔者非禮之故加也以其三公之重也分之卑者不

以當乎禮之重分之尊者不以同乎禮之輕桓公之
尊王臣如此可謂知其節矣春秋寧不予之乎若夫
荀庚晉之下卿也良夫衛之上卿也適夫魯成當國
之時一則脩舊好而為聘魯之舉一則尋舊盟而致
聘魯之恭使成公不視其勢而待之則尊卑以别矣
又豈見譏於君子耶夫何成公意謂荀庚伯臣也故
先與之講丙午之盟良夫列卿也故後與之為丁未
之歃其先荀庚者非不知下卿之卑也實畏晉之強
也其後良夫者非不知上卿之貴也實鄙衛之弱也

位當後者加乎禮之先位當先者居乎禮之後成公之待外臣如此可謂失其序矣春秋寧不責之乎雖然齊桓不特尊王臣為然前乎首止之會待世子以殊禮其尊王之功又可見矣魯成不特待外臣為然後乎京師之如事天子以簡禮其慢王之罪又可知矣噫此桓公為五伯之盛而成公實魯之庸君也歟

禮記

是故仁人之事親也如事天事天如事親是故

孝子成身

方祥

同考試官訓導鄔　批
此題作者多於孝子成身一句忽而不講間有講者亦不切實惟此篇講貫詳明措辭典雅誠禮經中之傑出者也高薦何忝

考試官教諭張　批
此作辭理俱到可佳

考試官教諭單　批
理明辭暢允宜錄出

所事有遠近之殊而必交致其愛敬之誠此仁人孝子之所以成其德也夫天則遠而難格所以致其愛親則近而不尊所以致其敬仁人孝子兼敬愛而兩

得之豈不有以成其在己之德也哉記禮者記孔子對哀公之問謂夫仁人孝子不過乎物是故仁人之孝以事其親也蓋親則近而疑其不尊徒以近而不尊則父子之間或幾乎褻矣故必如事天之極其尊致誠致敬而不欲其褻焉其敬以事乎天也蓋天則遠而疑其難格徒以遠而難格則天人之際或幾乎絶矣故必如事親之竭其孝是親是愛而不欲其疎焉不欲其疎所以求其格也不欲其褻所以致其尊也仁人之事天事親交致其愛敬而兩得之吾知其

孝子之行全而德亦無所虧矣謂之成身不亦信乎
大抵孝者仁之始仁者孝之終仁主事天孝主事親
仁人孝子未可以二而觀之也昔魯哀公以敬身成
親成身為問而孔子反覆對之同歸乎至理及哀公
謙巳欲求簡切之言孔子又避席而言之簡易如此
當時哀公能言而不能行徒使孔子是臣之福而托
之空言也惜哉

祭薦祭酒敬禮也嚌肺嘗禮也啐酒成禮也於

席末

郭弘

同考試官訓導鄔　批　場中作者多爲此題所窘忽得此篇體認親切發出貴禮賤財之義殆無餘蘊矣熟於禮者是宜録之以冠本經

考試官教諭張　批　能盡發鄉飲酒之義可取可羨

考試官教諭單　批　辭理俱優殊超衆作

敬主人之物在席中屢致其禮飲主人之酒在席末以成其禮夫祭而嘗之皆於席中貴禮也飲纔入口之在席末賤財也實敬主人貴禮而賤財如此豈非

鄉飲酒之教民以敬讓而不爭者哉記禮君子記於
鄉飲酒之篇若曰主人敬賓既薦以脯醢而又獻之
以酒焉既獻之以酒而又薦之以肺焉於斯時也賓
之禮節當何如耶必也正席中變色而作取所薦
之脯醢而祭之於未食之前敬主人之禮也又取所
獻之酒而祭之於未飲之先重主人之禮也既敬重
其禮若不當席而嘗主人之肺則禮幾於虛矣故於
祭薦祭酒之後興取在俎之肺嚌齒以嘗之所以嘗
其禮也然則敬主人之物在席中而屢致其禮者如

此至於主人勸賓備爵以敬而賓即避之席西以啐
之所以成主人之禮也致賓以獻而賓則退諸席末
以飲之非所以成其禮乎是則敬禮嘗禮之在席中
啐酒成禮之在席末其示人以貴禮賤財之義為何
如哉大抵人之所以爭者以無禮而志於財也先王
有慮乎此故制為鄉飲酒使為主人者厚飲食之禮
為賓者謹進退之節于以貴禮而賤財至於卒觶致
賓於西階上則又先禮而後財之義也誠能貴禮而
先之則民敬順賤財而後之則無酒禍而民不爭民

遜讓而不爭故吾夫子謂吾觀於鄉而知王道之易易也豈不信乎

論

人主以天下為度

李瀓

同考試官訓導張　批　論有發揮有歸宿佳作也

同考試官教諭袁　批　此論發明親切場中之巨擘也

考試官教諭張　批　行文靈潔足見作手

考試官教諭畢　批　論以公於刑賞立說深合題

意且文勢滔滔畧無壅滯允宜擢魁多士

論曰莫大乎天下尤莫大乎人主之一心何也盖天下至大也一心至微也以天下視天下則極覆載之内不足以盡其大以一心公天下則天下雖大運於一心之微而有餘以是而觀則天下皆吾度内而心不尤為大乎戎夷胡氏所謂人主以天下為度其言似大而非誇達者信之衆人疑焉彼有人曰九州四海遼邈無涯天下如是之大也人主巍然居崇高之位戶庭之

外耳目猶有所未及況天下之大而欲以之為
度乎噫此特以勢觀人主非善論人主也又有
人曰群黎百姓千萬其心人心如此之衆也人
主耿然處深嚴之地纖甸之內休戚猶有不相
關況人心之衆而欲合之為度乎噫此特以形
觀人主亦非善論人主也故善論人主者不以
勢觀不以形論而獨以人主一心之公耳且人
主首出庶物之表君臨億兆之衆萬機於我乎
宰制萬邦於我乎臣屬刑賞之柄於我乎操縱

烏可容私於其間哉人主知其然故靜而存此
心於寂然不動之時動而慎此心於感而遂通
之際湛然虛明而無一息之私累廓然大公而
無一毫之邪曲凡有所好一遵乎王道之蕩蕩
無反無側也未嘗以私勞而行賞凡有所惡一
遵乎王路之平平無偏無陂也未嘗以私怒而
用刑蓋賞所以勸善而鼓動乎天下者莫大於
是故五服五章謂之天命已何容心焉刑所以
懲惡而制馭乎臣民者莫大於此故五刑五用

謂之天討己何有意焉夫以天命而行賞則因
彼有是善然後從而賞之而賞當其功矣以天
討而用刑則因彼有是惡然後從而刑之而刑
當其罪矣賞當其功自有以合乎天下人心之
公論是吾之賞不以己而以天下也刑當其罪
自有以同乎天下人心之公議是吾之刑不以
己而以天下也夫刑賞之施既有以通乎天下
之人心天下之心自不能違乎人主之刑賞由
是賞一人而千萬人自勉於為善求其一人之

不善者無有也刑一人而千萬人自戒於為惡
求其一人之為惡者無有也殆見熙熙乎八荒
之廣皆在於我闥韡韡乎四海之遠咸在吾度
內和氣氤氳嘉祥滃鬱天地於此乎位萬物於
此乎育矣何莫而非人主以天下為度哉使或
賞不當功而至於僭刑不當罪而至於濫則君
子道消小人道長乖戾生而妖孼至矣又何是
以語此抑嘗因是而稽之書曰天命有德天討
有罪易曰遏惡揚善順天休命詩曰不僭不濫

不敢怠遑禮曰爵人於朝與衆共之刑人於市與衆棄之可見古昔帝王之治天下未嘗不以公刑賞為先務也方今

聖天子在上心帝王之心法帝王之治賞善罰惡一本至公而天下之民莫不為善去惡從欲以治誠可謂四三王而六五帝矣愚何幸身逢其盛謹論

表

擬宋以歐陽脩為刑部尚書謝表

黃晉

同考試官教授董　批　表有考據

考試官教諭張　批　得駢儷之體

考試官教諭單　批　典雅可觀

臣脩於治平四年三月壬申日奉宣

詔旨除臣為觀文殿學士轉刑部尚書者臣誠惶誠

恐頓首頓首上言伏以尚書領喉舌之司運平

政教學士守文章之府掌檯絲綸是宜遴選於

名儒詎意甄收於凡品捫心知愧揣分奚堪

天命下臨冰兢中切茲盖伏遇

○○○○

文武聖神

聰明睿知丕承

列聖之統立賢無方永協萬邦之和望道未見人惟

求舊不以老耄而或遺政在更新乃以親賢為

急務伏念臣脩起自寒微粗知章句遭遇

盛世忝廁賢科荷

列聖之寵光累增天祿受

三朝之顧命屢拜龍章諫垣乏忠鯁之言翰苑絕
謨猷之議文儒御罿過承貢舉之褒榮飛白天
書幸錫寶文之秘閣惟不謹盈成之戒復重勞
聖主之明辯謗斥誣賴
日月容光之溥照推誠保德感
天地覆載之殊恩既未許以歸休仍謬蒙乎錄用臣
敢不攄忠竭慮宣
德化以育兆民弼教明刑獻謨謀以襄
大化用答

聖皇之厚德巽全衮朽之微忱臣無任瞻
天仰
聖激切屏營之至謹奉
表稱
謝以
聞
策
第一問
秦武

同考試官訓導張　批　係荅詳悉不必問目所窮者也

考試官教諭張　批　數荅詳明善於策學者也

考試官教諭單　批　策有考據可嘉[illegible]

大明麗天人文宣朗而遷善敏德之化昭著於
天下
聖皇御極氣運亨嘉而敦德勸善之文垂法於後世
化著於天下者六合同乎一軌文垂於後世者
列聖同乎一心自唐虞三代以降未有如我
朝之盛者也仰惟

太祖高皇帝製為大誥三編以昭示天下
太宗文皇帝輯成孝順事實為善陰隲二書
宣宗章皇帝纂為五倫書以嘉惠臣民是
大誥三書為天地立心為生民立命誠萬世不刊
之盛典也觀夫孝順事實所載若崔玄暐奉敎
黃香扇枕與夫趙抃廬墓江革巨孝是皆為孝
而身致公輔者也惟王祥之位極三公狄仁傑
之身佐宰輔則其最顯者焉為善陰隲所載若
趙槩仁直蘇軾惠愛與夫王祐公直竇禹鈞行

善是皆為善而慶流後裔者也惟鄧禹之子孫榮盛曹彬之奕世光顯則其最著者焉至若五倫書之載若漢文帝唐太宗宋太祖皆能盡君道者漢之魏相唐之陸贄宋之韓琦皆能盡臣職者然不若堯舜禹湯文武皋陶伊傅周召之為優若石奮王凝揚億之徒皆盡父之慈者金日磾陳叔達王樵之輩皆盡子之孝者然不如周公孔子曾參閔損之為最他如王旦之友弟司馬光之愛兄長幼之倫厚矣柳豈若舜之於

彖叔齋之於伯蔿者乎周瑜之於孫策韓信之
交李若谷朋友之義篤矣抑豈若管仲之於鮑
叔牙雷義之於陳重者乎夫
大誥三書所載之事雖各不同然
大誥之中若諭官生身以盡孝則與孝順事實同
一旨示民知報以立命則與爲善陰隲同一意
至於明五教以育民之安申五常以復民之性
又與
五倫書之所載者無異也是可以見

列聖同一導民為善之心而
大誥三書未始不相為用矣愚生樂有菁莪之化
佩誦
列聖之書亦既有年其為孝也則以舜文是師為善
也則以曹鄭為法法皐陶伊傅以盡君臣之義
法周孔曾閔以盡父子之親其於長幼之序朋
友之信則又以虞舜夷齊管鮑陳雷是則是效
焉豈敢安於暴棄甘於庸下以上負
聖訓下負所學哉嘗見如斯輩怨狂斐而進擬之

第二問　李澄

同考試官教諭袁　批　士風一策往往得此失彼惟此篇事有考據詞有斷制佳作也宜表而出之

考試官教諭張　批　是策正欲觀士子之存心何如此作考據詳明議論正當足見大意

考試官教諭單　批　此篇條荅往古事實不漏而篇末勸懲之說儘有定見是宜錄出

禮義之教行於下則恬退廉介之行彰激勸之

與公於上則奔競貪墨之風息盖士之所以恬
退廉介者以其知禮義也為人上者誠能公激
勸之典使奔競貪墨之風息則人人皆尚恬退
守廉介而禮義之教行矣又何患夫士風之不
美風俗之不厚哉愚嘗讀賈誼治安策而知禮
義廉恥國之四維為人上者以此而勵士風士
風其有不振者乎稽之於宋私書不至則擢為
御史仁宗獎唐介之恬退也廉吏子孫則特加
甄録太宗獎劉温叟之廉介也故當時有年未

四十請解機務錢若水之急流勇退爲可嘉年
未知命表求掛冠韓晃素之知止求退爲可尚
禮部第一不肯自陳范景仁之恬於進取也父
任執政不肯就試韓維之安於恬退也臣下但
當守公法馳騖苟進何足取真宗之戒奔競如
此士夫其有不恬退者乎夫恬退固可慕矣至
於官居鼎鼐無地樓臺寇萊公之儉德何如馬
當舊路龜放長江趙清獻之清德又何如他若
余靖之歸自南海不載一物包拯之出判端州

不持一硯何莫而非士之廉介者乎嗟夫獻綿
賜還以愧貪黷擢士廉潔以律貪鄙是致田園
貧苦相圖籍富詩書之詩詠於當時豈不由上
之公勸懲之典有以激之耶洪惟我
朝法古為治孜孜焉以抑奔競戒貪墨為務而望
璽雅拜囊帛賡金之流猶自若者何哉豈奉行
勸懲之典或有未盡公歟抑為士者不顧名節
必欲為是以自榮歟自是而後勸賞之典已行
而必求其當於行如一硯不持急流勇退而後

勸之無一之或遺焉懲戒之法已舉而必求其當於過如兩及相門陝州獻錦而必懲之無一之或免焉護士風如護元氣重名節若重鬼神將見三綱五而四維張人廉恥而家禮義士風其有不振風俗其有不厚者哉管見如斯未知是否惟執事教之

第三問

王時

同考試官教授董　批　此策敷擴明白文詞剴切宜

如揖先正於堂上也寧不為之起敬

考試官教諭張　批　論廣右人物歷歷不遺且有景仰之心佳士也

考試官教諭單　批　五策皆詳悉論人物一篇尤善有是心而後有是言其志偉矣

誦人傑地靈之詞而驗先正德業之盛歌高山仰止之章而啓後人尚友之心蓋先正之流風餘韵百世猶存而山川之氣象宏富千古不異後生小子得不景慕而思效之乎稽諸廣西古

百粤地也山川鍾秀海嶽効靈士之生長於其間負英雄豪傑之氣為國名臣項背相望固未可以一二計也姑舉其德望之最顯者與執事言之博學能文而位至國子祭酒者李秦政也狀元及第而官至翰林學士者梁嵩也梁大用年當九歲以通五經而主上為之歎賞秦懷忠文學孝廉以應四舉而治行為之卓異直言無隱當時著廉靜之聲非唐俊乂乎忠義勇敢鄙人祠力戰之勞非梁仲保乎他如居家事母至

孝有朱道誠其人而嗣子揚善孝亦如之則父
子同以孝道聞可徵也晚歸授徒不倦有唐則
其人而二子叔夏叔獻相繼登第則父子皆以
科目顯可攷也與夫韋旻號白雲先生讀書無
所不通故鄉人以書樓目之爲韓逈乃東山野
叟未衰請以致仕故李師中以詩贈之爲之數
君子者皆著盛名於當時流聲光於後世孰謂
非山川秀氣之鍾萃於人者有如是乎雖然先
正固不可作矣桂山壁立亘萬古而巍巍吾先

正之遺風與之俱灘 水東流歷百世而滔滔吾
先哲之餘澤與之同愚也生長於百世之下景
仰於百世之上未嘗不以先哲是則而是效也
顏淵曰舜何人也予何人也有為者亦若是昔
曰罔俾阿衡專美有商請以是而復明問惟執
事恕其狂斐

第四問

覃恕

同考試官訓導胡 批

學庸一策條對無遺蓋嘗用

心於學者一薦異疑

考試官教諭張　批　隨問隨答足見本領之學

考試官教諭畢　批　條答學庸同異處畧無遺滯

可取

欲求二書立言之指歸當究二書立言之同異蓋大學中庸二書乃聖賢傳授心法之要典也其立言之指歸苟不別其異而究其同又何以見聖賢傳授心法之妙哉執事先生發策以大學中庸立言之同異爲問愚不敏敢不悉心以

對大學首章言在明明德以明德乃人所同得乎天之理而虛靈不昧也明德二字非本於堯典之克明峻德若歟中庸子思述所傳之意首言天命之謂性以性乃人物之生同得乎天之所賦也性之一字非出於湯誥之若有恒性者歟大學言心則性在其中朱子序文所謂天降生民則既莫不與之以仁義禮知之性是已中庸言性則心在其中朱子序文有謂雖上智不能無人心是已誠爲中庸之樞紐不由乎誠則

達德九經皆爲虛文矣敬爲大學之始終不由乎敬則明德新民無自而盡矣人倫有五而大學止言君臣父子國人而不及於兄弟者欲人此而推廣之耳達道有五而中庸獨言君臣父子夫婦兄弟朋友而不及於國人者以朋友一倫有以包之耳孝弟慈所以脩身而教於家者也故大學釋齊家治國及之知仁勇所以行夫達道者也故中庸論達道及之不明乎善不誠乎身中庸有是言也本於大學第五章明善

之義在止於至善大學有是言也合於中庸十一章君子依乎中庸之旨自時厥後程子發明二書以大學乃垂世立教之大典首尾該備而綱領可尋節目分明而工夫有序所以脩己治人者在是所以彌綸參贊者在是無非切於學者之日用故以為初學入德之門以中庸提挈綱維開示蘊奧微而道德性命之懿無不載大而聖神功化之極悉[illegible]非學者之所易得而聞者故為孔門傳授心[illegible]

之要由是觀之則二書之指歸同異可得而言之
矣愚也學問膚淺不足以究聖賢之奧旨姑述
所聞以對未知執事以為何如

第五問

郭弘

同考試官訓導鄔　批

答此策者率多臆說殊無可觀惟此篇考據精詳且善於斷制有識之士也

考試官教諭張　批

考究古之錢法沿革得其節要明白且處置得宜可取

考試官教諭畢　批　錢法一問塲中多爲所窘惟此

卷獨能考古準今未復歸之所司允當

錢法肇鑄於前代因以利民之生錢法屢變於後世未免病民之用盖前代因物以制錢故當時民有常業計其待錢而具者少所以利民之生而無弊也後世因錢而制物凡民間飲食資生之具皆起於錢而錢之制度直當屢更爲弊不可勝言矣請因明問所及而條陳之粤稽諸古堯遭洪水而鑄錢於歷山湯遇大旱而鑄錢

於莊山是堯湯特處一時之宜未嘗倚之以為
經常計也用之以為國家經常之計者蓋起於
周太公立九府圜法錢圜函方輕重以銖而錢
之制定矣降自周末景王更鑄大錢而單穆公
始有子母之說逮及秦亡漢興厭秦錢重而高
祖始有莢錢之鑄高后二年行八銖錢如秦半
兩法為莢錢太輕而重之也武帝元狩五年罷
半兩而鑄五銖為半兩太重而輕之也昭烈取
蜀軍用不足遂變五銖而鑄直百之錢蓋從劉

已之請而行之以平諸物價焉自是而後或從輕而重或自重而輕北齊武定六年以百姓私鑄體制漸別令天下州鎮郡縣市門各置二秤率以五銖為準有重輕者禁之隋帝開皇元年以錢既雜出民病貿遷令諸州郡肆立榜各付百錢懸於其上不中様者罪之而民之用錢愈雜矣唐肅宗以國用未足用侍郎第五琦之請鑄乾元重寶錢有徑一寸而當十有徑一寸二分而當五十分毫之間折當差遠而錢法之弊

愈甚矣抑嘗稽錢法積弊之由漢文帝弛禁放
鑄致吳鄧之錢布天下富埒天子者是誰之過
歟宋太宗御書淳化元寳為文自後每遇改元
必下更鑄之令而以一當三之制又起於慶曆
鄭戩之請而成鑄於崇寧二年也嗚呼錢之為
利於國家久矣漢唐以降輕重屢變當直迭更
求如三代以前之制固不可復而論其僅為民
利之久者其五銖當三之法歟方
今阻滯有禁僞造有律法亦嚴矣而廣西市壓交

易有以九十八而當錢一百有以九十而折銀一錢者蓋民尚習俗之弊存於司民社任風紀者申之以禁令齊之以時價裁成輔相貿遷化居務在以一百為一百以一百當一錢使錢法流通民不尚詐而後可以齊其政不易其俗矣愚也學不足以考古識不足以通今姑述大槩以塞明問惟進而教之幸甚

廣西鄉試錄後序

國朝用儒圖惟化理三年一開科取士盖稽古賓興賢能之制也
列聖相承率循是道乃成化七年實維其時廣西巡按御史羅明暨藩臬重臣禮請儒臣以司文衡之柄至期集九郡之業於儒者幾四百人

鎖院以試之至于三日其綜覈之
嚴去取之當一出手至公竣事如
額得士五十五人遂次第其名氏
而鐫其文之合程度者以
進謂瑄宜序其後瑄惟西廣地居楚
粤之半自古人材埒於中國若曹
鄴之詩名毛炳之武烈黃齊之孝

李琪之忠與進士名科代有賢俊
至我
朝誕興文教無間華夷士之漸染薰
陶以儒業顯者後先相望比年夷
蠻強梗士之服儒服袍儒行者幾
變為甲胄干櫓之場
皇上憫念邊民命內外文武大臣以削

平之用是邊陲肅清儒風丕振而今士之就試于文塲者有加于昔列名茲錄皆一時之精選也嗚呼盛哉洪惟

國家取士非一途惟科目專以儒道進他途雖榮弗取故士生斯世亦皆知儒道為榮然儒道為元氣也

不可一日無之以之扶天經立人
紀安
社稷養黎元無所往而非崇儒之效
也故之唐虞三代堯舜禹湯文武
之為君臯夔伊傅周召之為臣當
時一惟儒道是崇是用故稽諸事
業光明俊偉降自漢唐皆不能及

迨至有宋真儒輩出韓范富歐吾
儒之領袖也濂洛關閩吾儒之山
斗也然卒不能致治如唐虞三代
之盛者豈非有待於我
朝文運之大興者乎天運循環無往
不復諸士子生當隆盛之時幸際
風雲之會行當角藝南宮進對

大廷爲時顯用將必上焉致吾
君爲堯舜之君下焉澤斯民爲堯舜之
民思無愧於臯夔伊傅無愧於斯
錄之榮名亦無愧於爲儒之有光
於世運斯其可矣使徒假儒術以
濟欺冒儒名以文奸實非吾儒之
所取亦豈瑄之所敢期待於諸士

予者耶幸相與勉之
浙江嘉興府嘉興縣儒學教諭永
新張瑄謹序

成化八年進士登科錄

玉音

成化八年三月十二日禮部尚書臣鄒幹等於
奉天門
奏為科舉事會試天下舉人取中二百五十名本
年三月十五日
殿試合請讀卷官及執事等官太子少保吏部尚
書兼文淵閣大學士彭時等四十六員其進士

出身等第恭依
太祖高皇帝欽定資格第一甲例取三名第一名從
六品第二第三名正七品賜進士及第第二甲
從七品賜進士出身第三甲正八品賜同進士
出身奉
聖旨是欽此
讀卷官
資德大夫正治上卿太子少保吏部尚書兼文淵閣大學士彭時 戊辰進士
資政大夫兵部尚書兼翰林院學士商輅 乙丑進士
資德大夫正治上卿太子少保兼吏部尚書姚夔 壬戌進士

資政大夫戶部尚書楊鼎 己未進士

資德大夫正治上卿太子少保兼兵部尚書白圭 壬戌進士

資德大夫正治上卿工部尚書王復 壬戌進士

資德大夫正治上卿都察院左都御史李賓 乙丑進士

通議大夫禮部左侍郎兼翰林院學士萬安 戊辰進士

通奉大夫刑部左侍郎曾翬 癸丑進士

正議大夫資治尹通政使司掌司事兵部左侍郎張文質 壬戌進士

正議大夫資治尹大理寺卿王槩 壬戌進士

奉直大夫左春坊左諭德兼翰林院修撰王獻 辛未進士

提調官

資政大夫禮部尚書鄒榦 乙未進士

嘉議大夫禮部右侍郎劉吉 戊辰進士

監試官

文林郎河南道監察御史艾福 庚辰進士

文林郎廣東道監察御史劉潔 庚午貢士

受卷官

翰林院侍讀承德郎彭華 甲戌進士

翰林院侍講承德郎尹直 甲戌進士

文林郎吏科都給事中李和 丁丑進士

徵仕郎戶科左給事中鄧山 甲申進士

彌封官

嘉議大夫太常寺卿余謙 儒士

中大夫光祿寺卿劉璉 乙丑進士

中憲大夫鴻臚寺卿楊宣 甲戌進士

奉政大夫尚寶司卿李本 甲戌進士

翰林院編修文林郎陳音 甲申進士

文林郎禮科都給事中霍貴 丁丑進士

文林郎兵科都給事中胡[illegible] 甲申進士

掌卷官

翰林院編修文林郎陸簡 丙戌進士

翰林院檢討徵仕郎傅瀚 四中進士
徵仕郎刑科右給事中虞瑶 四中進士
承事郎工科都給事中王詔 四中進士

巡綽官
鎮國將軍錦衣衛掌衛事都指揮同知袁彬
懷遠將軍錦衣衛指揮同知焦壽
明威將軍錦衣衛指揮僉事朱驥
明威將軍金吾前衛指揮僉事高璽
昭勇將軍金吾後衛指揮使朱瑛

印卷官

奉議大夫禮部儀制清吏司郎中彭彥充 丁丑進士

奉訓大夫禮部儀制清吏司員外郎樂章 丁丑進士

承德郎禮部儀制清吏司主事趙繕 庚辰進士

承直郎禮部儀制清吏司主事張習 乙丑進士

供給官

奉政大夫光祿寺少卿王儼 丁卯貢士

奉議大夫光祿寺少卿陳鉞 丁丑進士

登仕佐郎禮部司務劉琛 監生

禮部精膳清吏司署郎中事主事周宗智 庚辰進士

奉訓大夫禮部精膳清吏司員外郎李麟 丁丑進士

承德郎禮部精膳清吏司主事謝𢍰 官生

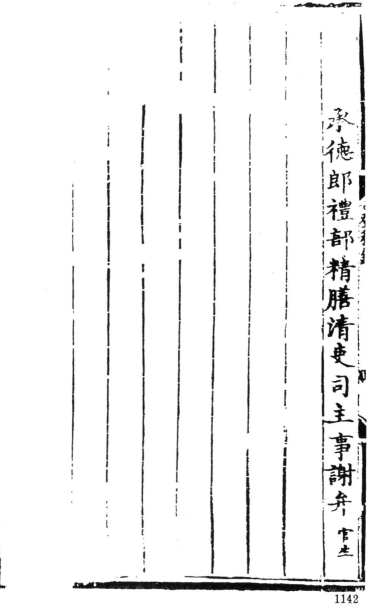

恩榮次第

成化八年
三月十五日早諸貢士赴
内府
殿試
上御
奉天殿
親賜策問
三月十七日早

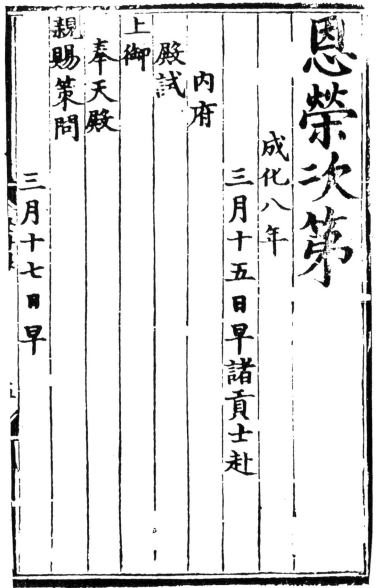

文武百官朝服侍班是日錦衣
衛設鹵簿于
丹陛丹墀內
上御
奉天殿鴻臚寺官傳
制唱名
禮部官捧
黃榜鼓樂導引出
長安左門外張掛畢順天府官用傘蓋儀從
送狀元歸第

三月十八日
賜宴於禮部宴畢赴鴻臚寺習儀
三月十九日
賜狀元朝服冠帶及進士寶鈔
三月二十日狀元率進士上
表謝
恩
三月二十一日狀元率進士詣
先師孔子廟行釋菜禮
禮部奏請

命工部於國子監立石題名

第一甲三名

賜進士及第

吳寬　貫直隸蘇州府長洲縣匠籍　國子生

治書經字原博行二年三十八十二月二十九日生

曾祖福四　祖壽宗　父孟融　前母居氏　母張氏　繼母王氏

具慶下　兄原本　弟宣　娶陳氏

應天府鄉試第三名　會試第一名

劉震　貫江西吉安府安福縣民籍　國子生
治易經字道亨行一年三十九九月二十六日生
曾祖迪忠 贈翰林檢討　祖燮鼎　父德望　母曠氏
具慶下　弟宏　成　善　娶歐陽氏
江西鄉試第六十三名　會試第一百三十八名

李仁傑　貫福建興化府莆田縣民籍　國子生
治書經字士奐行一年四十一十二月二十六日生
曾祖纘 主簿　祖馨　父煥 訓導　母林氏
慈侍下　弟仁實　娶陳氏
福建鄉試第三名　會試第七名

第二甲七十八名
賜進士出身
邵賢
貫直隷常州府宜興縣民籍　國子生
治詩經字用之行二年二十七八月二十四日生
曾祖餘慶　祖德　父貞　母沈氏
具慶下　兄資　弟贇　贊　貫　賀　娶何氏
應天府鄉試第十一名　會試第四十六名

劉輔

貫直隸大名府開州民籍 國子生

治書經字相之行一年四十八六月二十六日生

曾祖義 祖忠 父彬巡檢 母張氏

嚴侍下 弟幹 娶王氏

順天府鄉試第十八名 會試第二百四十八名

張瑾

貫直隸蘇州府吳縣人錦衣衛軍籍 儒士

治詩經字廷玉行三年二十五八月二十二日生

曾祖安八 祖文德 父誠 母孟氏

具慶下 兄玘 璞 娶陳氏

順天府鄉試第七名 會試第八十名

貫直隸常州府武進縣軍籍　縣學生

治禮記字寅之行十一年二十八十月初八日生

卞諲

曾祖均玉　祖禮　父庭關　嫡母莊氏　生母孔氏

慈侍下　兄謙讀謐訓謹讓諫　弟詮誠詔誡譯訥誧　娶徐氏

應天府鄉試第五名　會試第一百三十四名

貫江西吉安府吉水縣民籍　國子生

治詩經字思履行二年四十二九月二十八日生

張祥

曾祖本原　祖興明　父大素教諭　母羅氏

慈侍下　兄思齊　弟和　娶胡氏

江西鄉試第四十六名　會試第二百五名

吳裕

貫廣東潮州府揭陽縣軍籍 國子生

治詩經字敬昆行一年三十十月二十日生

曾祖學仕 祖懷古 父冑 訓導 母袁氏

具慶下 弟紳 紱 緣 娶許氏 繼聘許氏

廣東鄉試第二十四名 會試第二十四名

張黻

貫江西吉安府吉水縣民籍 國子生

治書經字兼素行三年三十二月初六日生

曾祖聞善 祖巽言 父繹貢 母劉氏

具慶下 兄褒 黼 弟嵩 智 簡 述 娶錢氏

江西鄉試第九十一名 會試第一百十名

翟通

貫河南開封府儀封縣民籍 國子生

治詩經字仕亨行一年三十七二月十四日生

曾祖廷玉 祖榮 父宣 母高氏

永感下 娶李氏

河南鄉試第八名 會試第一百八十二名

謝理

貫直隸太平府當塗縣民籍 國子生

治書經字一卿行二年三十七月初九日生

曾祖興甫 祖孚按察司副使 父騫布政司右參政 母劉氏封夫人

具慶下 兄玉 弟琚 瑋 琅 娶儲氏

應天府鄉試第二十五名 會試第一百二十六名

楊榮　貫浙江紹興府餘姚縣軍籍　國子生
治書經字時秀行四年三十四十二月十八日生
曾祖希賢　祖自新　父宜震　嫡母葉氏　黃氏　生母傅氏
慈侍下　兄芸　墪　荅　葵　娶潘氏
浙江鄉試第五十二名　會試第五十一名

李鐩　貫河南彰德府湯陰縣匠籍　縣學生
治詩經字時器行二年二十六七月十九日生
曾祖榮　祖健　父璨大使　母申氏
具慶下　兄鎰　弟鍾義官　鋭　娶鄭氏
河南鄉試第三十九名　會試第二百二十六名

梁方

貫廣東廣州府南海縣民籍　國子生

治易經字惟義行一年三十四月初一日生

曾祖宗正訓導　祖觀敎　父璝　母陳氏　繼母陳氏

具慶下　弟直　襄　娶關氏

廣東鄉試第六十五名　會試第八十九名

鍾鏞

貫錦衣衛鎮撫司軍匠籍　國子生

治易經字朝用行二年二十七二月十六日生

曾祖真　祖玄智　父禧　前母陳氏　母陸氏

具慶下　兄鑑　弟鏵　鉞　娶張氏

順天府鄉試第三十名　會試第九十一名

蕭奎　貫直隸蘇州府常熟縣民籍　國子生
治書經字漢文行一年四十四十月十九日生
曾祖順之　祖安道　父鳳儀　前母丁氏　母周氏
永感下　弟璧　塾　堂　在　董　城　娶龐氏
順天府鄉試第九名　會試第十四名

馬鉉　貫江西吉安府永新縣民籍　縣學生
治易經字孔任行五年三十二月二十五日生
曾祖成安　祖性㬎　父體和　母尹氏
具慶下　兄孔昭　孔駱　孔贊　孔年　弟鉞　鑑　銘　娶甘氏
江西鄉試第四十七名　會試第四十四名

潘璋 貫浙江金華府金華縣儒籍 國子生
治書經字粟夫行四年三十八二月初四日生
曾祖彥亨 祖文華贈監察御史 父洪廣西按察司僉事 母吳氏封孺人
慈侍下 兄璁判官 瑋 瑄 弟璘 環 娶姜氏
浙江鄉試第六名 會試第八十三名

高昂 貫福建興化府莆田縣塩籍 儒士
治書經字尊卿行一年二十二十一月二十九日生
曾祖士儀 祖孟顯 父郎中 嫡母楊氏 生母林氏
慈侍下 弟寬 娶翁氏
福建鄉試第四十八名 會試第一百九十一名

金源 貫浙江杭州府仁和縣人應天府上元縣民籍國子生

治書經字大本行二年三十十月二十七日生

曾祖仲芳 元行省郎中 祖汝用 南京國子助教 父鐩 母王氏

嚴侍下 弟濬 濟 淳 淙 清 潮 瀾 溥 滿 沂 娶高氏

應天府鄉試第四十八名 會試第四十三名

陰子淑 貫四川成都府內江縣民籍 國子生

治書經字宗孟行五年三十六十二月二十九日生

曾祖應廣 訓導 祖秩 贈通判 父秉衡 母劉氏 繼母陳氏

具慶下 兄子默 子忝 子奇 貢士 子發 國子監生 弟亦 襄 娶白氏

四川鄉試第十一名 會試第二百十三名

王參

貫四川順慶府廣安州岳池縣民籍 國子生

治易經字拱辰行二年三十六十二月初五日生

曾祖泰文 祖希仙 父鐸順天府丞 母劉氏

永感下 兄升南 娶唐氏

四川鄉試第三十一名 會試第六十二名

鄧焯

貫福建福州府閩縣匠籍 國子生

治禮記字廷昭行一年三十二二月二十二日生

曾祖文德 祖進 父璃 母陳氏

重慶下 弟煥 烜 煋 娶柯氏 繼娶陶氏

福建鄉試第十名 會試第一百八十九名

彭禮

貫江西吉安府安福縣儒籍　國子生

治春秋字彥恭行二十年三十十一月十七日生

曾祖伯樞　祖同升 贈刑部主事　父貫 浙江按察司僉事　母伍氏 封宜人

永感下　兄黎洪　善 南京大理寺正　彥充 禮部儀制司郎中　華 翰林侍讀學士　娶李氏

江西鄉試第十九名　會試第四十一名

蔣容

貫直隸常州府武進縣軍籍　國子生

治禮記字德夫行一年三十四十月初六日生

曾祖元祐　祖繼祖　父紘　母張氏

具慶下　弟宏　寀　寅　寔　娶吳氏

應天府鄉試第五名　會試第五名

葉睦 貫浙江金華府金華縣民籍 國子生

治詩經字敬之行三十八年三十四九月二十一日生

曾祖伯達 祖智 父德初 前母徐氏 母潘氏

永感下 兄瓊 朋 珏 弟奎 娶章氏

浙江鄉試第十一名 會試第八十六名

李孟暘 貫河南開封府睢州民籍 國子生

治書經字時雍行三年四十十月十七日生

曾祖景春 祖郁 父斌驛丞 前母張氏 母岳氏

慈侍下 兄孟昭 孟昇 弟孟曦 孟旺同科進士 娶王氏

河南鄉試第七名 會試第三十九名

蕭本容

貫江西吉安府泰和縣民籍　國子生

治詩經字德弘行五年三十七六月初九日生

曾祖以夔　祖子凱　父嗣乩　母胡氏

慈侍下　兄本質（教授）本一（訓導）本忠　本誠　娶張氏　繼娶張氏

江西鄉試第三十名　會試第九十九名

陳洵

貫浙江紹興府餘姚縣人杭州府錢塘縣學生　增廣生

治易經字匯之行一年二十八二月初十日生

曾祖性善（行部吏曹郎中　贈太常寺少卿）　祖贄（太常寺少卿）　父嘉猷（通政使司右通政）　母徐氏（封宜人）

慈侍下　弟渶　溥　濠　娶鄭氏

浙江鄉試第八名　會試第二十九名

張琳 貫陝西平涼府鎮原縣民籍 縣學生
治易經字文璧行一年二十四十月初六日生
曾祖春 贈御史 祖凱 按察副使 父麟 七品散官 母賀氏
重慶下 弟瑭 璠 娶李氏
陝西鄉試第六名 會試第二十三名

任彥常 貫南京江陰衛軍籍 國子生
治詩經字吉夫行三年三十九十一月二十四日生
曾祖福泰 祖以德 父仲習 前母宋氏 母王氏
永感下 兄恍 貢士 彥和 弟彥理 娶金氏
應天府鄉試第一名 會試第二百二十八名

董寧　貫順天府通州漷縣民籍　國子生
治書經字伯康行一年三十九月十八日生
曾祖興 贈刑部右侍郎　祖政 贈刑部右侍郎　父方 刑部右侍郎　母張氏 封淑人
具慶下　弟寬　娶劉氏
順天府鄉試第十六名　會試第一百六名

黃東山　貫四川叙州府富順縣民籍　國子生
治詩經字世瞻行一年三十三四月二十一日生
曾祖勝先　祖珪　父仕範　母施氏
重慶下　弟茂川　峻山　仁山　娶丁氏
四川鄉試第六十四名　會試第九十七名

王宜

貫江西臨江府新淦縣民籍　國子生

治書經字孟韋行四年三十四九月十四日生

曾祖伯清　祖景昌　父載錫　母張氏

具慶下　兄恭　寬　賓　弟安　實　完　娶袁氏　繼娶楊氏

江西鄉試第九十四名　會試第一百四十一名

陳瑗

貫河南祥符縣人陝西甘州左衛軍籍國子生

治書經字大玉行六年三十一五月十七日生

曾祖彥良　祖景文　父志學訓導　母金氏

具慶下　兄瑋訓導　玘　玹　璪　珣　娶巫氏

陝西鄉試第三十二名　會試第一百二十九名

陳以忠

貫順天府宛平縣富戶籍　國子生

治易經字孟藎行一年三十三十月三十日生

曾祖信之　祖仲賢　父廣　母李氏

具慶下　弟慶　憲　懋　娶何氏

順天府鄉試第一百十三名　會試第一百六十名

彭載

貫江西南昌府南昌縣民籍　縣學生

治詩經字孔載行七年三十二六月二十三日生

曾祖原敬　祖仲謙　父宗岳　母王氏

具慶下　兄孔彰　孔時　孔旻　孔訓　孔式　弟孔偉　娶譚氏

江西鄉試第四十一名　會試第五十七名

方彬 貫福建興化府莆田縣塩籍 國子生

治詩經字文中行二十三年三十一十二月二十一日生

曾祖誠卿 祖夢鎮 父道明 嫡母歐氏 生母張氏

具慶下 兄衛懋[illegible] [illegible]彤彭 娶蔡氏

福建鄉試第四十四名 會試第一百二十七名

簡顯 貫江西臨江府新喻縣民籍 國子生

治詩經字齋道行十年三十七八月初七日生

曾祖原誠 祖文禮 父孔昭 母袁氏 繼母敖氏 蕭氏

具慶下 兄晟昪 冕[illegible]昊 娶鄧氏

江西鄉試第七名 會試第五十三名

林璧

貫福建福州府閩縣民籍　府學生
治書經字世調行七年二十九二月初十日生
曾祖必方　祖森　父汝談　母葉氏
具慶下　弟世瑞　元吉　世平　璧貢士　址　垐　娶葉氏
福建鄉試第十三名　會試第二百二十五名

陳謨

貫浙江紹興府餘姚縣民籍　國子生
治禮記字師禹行五年三十六七月初七日生
曾祖訓義贈吏部郎中　祖琳贈吏部郎中　父禮序　嫡母宋氏　生母金氏
慈侍下　兄濟　弟溥　娶梁氏
應天府鄉試第五名　會試第一百九名

林濬淵

貫福建福州府閩縣民籍　國子生

治禮記字用淵行四年三十三六月初六日生

曾祖連　祖祐　父鈍（教諭贈工部主事）　母王氏（封太安人）

慈侍下　兄清源（工部主事）　瀛　洋（同科進士）　弟潤澤　娶鄧氏

福建鄉試第十名　會試第一百四十三名

黃榮

貫福建興化府莆田縣竈籍　縣學生

治詩經字儼仁行一年三十二月十九日生

曾祖廷珪　祖興器　父元安　母柯氏

重慶下　弟華　肇　琬　譽　娶朱氏

福建鄉試第十四名　會試第十五名

茅鋐

貫直隸揚州府興化縣人貴州赤水衛軍籍　國子生

治詩經字大用行一年三十七六月十八日生

曾祖省二　祖榮一　父誠　母黃氏

慈侍下　弟欽　錀　鏜　娶陳氏　繼娶陳氏

雲南鄉試第十七名　會試第一百二十五名

陳壽

貫江西臨江府新淦縣人遼東寧遠衛軍籍　國子生

治詩經字本仁行三年三十三二月初二日生

曾祖以輝　祖志宏　父會昌　前母黃氏　母田氏

具慶下　兄璉　璣　弟瑋　娶鄭氏

山東鄉試第四十四名　會試第六十四名

周軫

貫福建興化府莆田縣軍籍 國子生

治詩經字公載行九年三十九五月二十七日生

曾祖孟仁 祖則川 父越 母王氏

永感下 娶陳氏

福建鄉試第九名 會試第三名

湯全

貫直隸松江府華亭縣民籍 國子生

治書經字完之行一年三十二閏十一月十三日生

曾祖思恭 祖斌 父景和 母孫氏

重慶下 娶劉氏

應天府鄉試第一百十二名 會試第二百七名

朱本　貫江西饒州府樂平縣民籍　國子生
治詩經字立之行一年三十九五月二十一日生
曾祖添彰　祖季復惡檢　父守約　母汪氏
永感下　弟兆倫廣芾堅　娶洪氏　繼娶嚴氏
應天府鄉試第七十七名　會試第二百十一名

陳哲　貫浙江紹興府山陰縣民籍　國子生
治詩經字繼昭行三年三十八六月十四日生
曾祖文立　祖子謙　父璵　母張氏　繼母馮氏
具慶下　兄愚　魯　弟訥　娶劉氏
浙江鄉試第五十九名　會試第二百四十三名

顧餘慶 貫直隸蘇州府長洲縣民籍 國子生
治書經字崇善行一年三十二六月初六日生
曾祖德華 祖巽（進士贈御史） 父矐（知府） 母鄒氏（封孺人）
具慶下 弟餘祥 娶劉氏
應天府鄉試第一百三十四名 會試第一百四名

楊澤 貫浙江台州府天台縣民籍 國子生
治書經字商霖行一年三十五六月初四日生
曾祖子相（縣丞） 祖宗亨 父惟中 母呂氏
具慶下 弟治 洄 娶徐氏
浙江鄉試第三十三名 會試第一百一十五名

李震 貫直隸常州府宜興縣民籍 國子生

治書經字時亨行一年三十七閏六月初一日生

曾祖炑賢 祖允迪 父恪 母蔣氏

重慶下 弟霆 雲臺 霖 霽 霦 雯 娶吳氏

應天府鄉試第二名 會試第七十一名

蕭顯 貫江西吉安府龍泉縣人直隸山海衛軍籍國子生

治易經字文明行三年四十二十二月十一日生

曾祖卿壽 祖成 父福海 母劉氏

永感下 兄源 榮 弟華 娶喬氏 繼娶馮氏

順天府鄉試第二名 會試第一百八十名

洪廷臣　貫浙江嚴州府淳安縣民籍　國子生
治春秋字以道行二年四十四四月三十日生
曾祖子忠　祖宗玉　父士大　母項氏
慈侍下　兄廷贊　弟廷振　廷重　廷明　廷敬　廷盛　娶黃氏
浙江鄉試第五十六名　會試第二百四十七名

孟述　貫河南南陽府泌陽縣軍籍　國子生
治易經字景賢行一年二十五七月二十七日生
曾祖仲德　祖鍍經歷　父顏　母曾氏
具慶下　弟選　迪　娶李氏　繼娶吳氏
河南鄉試第十名　會試第二十二名

鄧林

貫四川眉州民籍　國子生

治詩經字廷棟行一年三十八十二月初五日生

曾祖子榮　祖必高　父海　前母張氏　母周氏

具慶下　弟森　娶扵氏

四川鄉試第三十五名　會試第一百五十五名

周季麟

貫江西南昌府寧縣民籍　縣學生

治春秋字公瑞行一年二十八四月二十三日生

曾祖瑾奩　祖銘　父炑襃　母陳氏

重慶下　弟季驄　季驥　季鵬　季虎　季鳳　娶陳氏　繼娶董氏

江西鄉試第八名　會試第二十三名

達毅

貫直隸鎮江府丹徒縣民籍 國子生

治詩經字士弘行二年三十四二月十八日生

曾祖文 祖永定教授 父顯 母劉氏 繼母錢氏

慈侍下 兄顥訓導 弟寬 寅 賓 宥 娶吾氏

應天府鄉試第四十一名 會試第三十二名

瞿明

貫直隸蘇州府常熟縣匠籍 國子生

治詩經字德昭行四年三十一六月十九日生

曾祖子善 祖庸 父宗大 母楊氏

具慶下 兄俊知縣 欽 傑 弟文 思 佐 佑 安 娶章氏

應天府鄉試第三十四名 會試第一百九十九名

趙蘭

貫陝西西安府涇陽縣軍籍 國子生

治易經字廷猗行六年三十一十二月十一日生

曾祖仲良 祖秉才（贈員外郎） 父璧 母陳氏

具慶下 兄集 維（[illegible]） 樽 萱 蘇 潭（大使） 弟竹（學生） 芝 娶劉氏

陝西鄉試第二十四名 會試第一百三名

范綱

貫浙江台州府天台縣民籍 國子生

治詩經字太和行二年三十三十二月初一日生

曾祖彥善（贈左布政使） 祖起宗（贈左布政使） 父理（南京兵部左侍郎） 母湯氏（封夫人）

嚴侍下 兄絅（冠帶） 弟紀 會 同 昌齡（國子生） 玄齡 娶湯氏

浙江鄉試第二十八名 會試第七十四名

王宏 貫山東登州府文登縣人留守左衛官籍 儒士

治詩經字仲裕行六年三十十一月十八日生

曾祖溫 指揮同知　祖信 指揮同知　父麟 指揮同知　母莊氏 封淑人

慈侍下　兄寧 指揮使　安　實　容　弟寬　娶史氏

順天府鄉試第二十八名　會試第一百四十二名

杜學 貫河南河南府登封縣民籍 縣學生

治易經字時敏行一年三十四十月初七日生

曾祖鴻漸　祖成肯　父婷　母李氏

具慶下　弟敷　娶郭氏

河南鄉試第五十六名　會試第二百十二名

趙璧

貫雲南雲南府昆明縣民籍 府學生

治書經字藺完行一年三十二五月初一日生

曾祖敬仁 祖誠知縣 父震 母淩氏

重慶下 弟璧 璉 珩 理 瑩 娶張氏

雲南鄉試第二名 會試第四十七名

沈鎧

貫直隸蘇州府長洲縣人應天府上元縣官籍國子生

治書經字仲威行五年三十五四月二十四日生

曾祖以誠 祖孟新 父原本贈禮部主事 前母周氏 母舒氏封太安人

慈侍下 兄鑑知縣 鐸 鏞 鍾禮部主事 娶周氏

應天府鄉試第二十四名 會試第一百十九名

張昞

貫直隸常州府江陰縣民籍 國子生

治書經字時顯行一年三十一十二月二十九日生

曾祖體道訓導 祖靖 父獻 前母胡氏 母金氏

具慶下 兄暉 弟昉 娶徐氏

應天府鄉試第一百十八名 會試第七十六名

吳文度

貫應天府江寧縣民籍 國子生

治春秋字宪之行四年三十二十一月初八日生

曾祖昭 祖全 父靖教諭 母錢氏

永感下 兄文紹 文綮 文威 娶朱氏

應天府鄉試第三十名 會試第二十七名

張鳳騫　貫山東濟南府鄒平縣軍籍　國子生
治春秋字鳴岐行三年三十正月初二日生
曾祖伯榮　祖典奇　父麟河泊所官　母程氏　繼母沈氏
具慶下　兄聰　惠　娶呂氏
山東鄉試第五十七名　會試第一百九十八名

陳讓　貫浙江杭州府錢唐縣匠籍仁和縣學生
治書經字天益行二年四十二二月初八日生
曾祖德　祖禮　父信　母朱氏　繼母沈氏
具慶下　兄善　弟昇　訥　榮　娶嚴氏
浙江鄉試第十三名　會試第六十五名

王祿　貫福建福州府閩縣匠籍　國子生
治易經字政夫行一年三十七八月二十二日生
曾祖希遠　祖澤（貢士贈戶部郎中）　父英（雲南左參政）　母陳氏（封宜）　繼母潘氏
具慶下　弟祐　禕　禮　娶林氏
福建鄉試第六十四名　會試第二名

黃謙　貫浙江紹興府餘姚縣人應天府江寧縣匠籍國子生
治書經字撝之行一年三十一十二月初七日生
曾祖慎言　祖宗可　父瑨　母錢氏
具慶下　弟讓　謹　詢　安　娶戴氏
應天府鄉試第一百六名　會試第九十八名

閻鉦　貫陝西平涼府涇州軍籍　增廣生

治禮記字靜之行三年二十四三月十九日生

曾祖斌知州　祖文敬　父瑛經歷　前母劉氏崔氏　母趙氏

具慶下　兄鑑驛丞　鐸　弟銳　釗　鎧　娶沈氏

陝西鄉試第四名　會試第六十六名

許輔　貫順天府東安縣軍籍　國子生

治詩經字佐之行三年三十七十一月十三日生

曾祖得友　祖忠署正　父瑛縣丞　母石氏　繼母張氏

慈侍下　兄震　宣　弟瑯貢士　文　武　娶王氏

順天府鄉試第八十七名　會試第二百二名

李序　貫廣西柳州府馬平縣民籍　國子生
治書經字大倫行一年二十八十二月初二日生
曾祖伯高　祖子贇封知州　父芳貴州布參議　母施氏封宜人
重慶下　弟康　庚　廉　娶陳氏
廣西鄉試第十一名　會試第二十一名

邵敏　貫湖廣長沙府湘陰縣軍籍　國子生
治易經字汝學行八年四十一正月十一日生
曾祖鈞祿　祖志善　父宗智　母李氏
永感下　兄全　聰　良　貴　要　忠　慶　奇　弟福　娶李氏
湖廣鄉試第七十一名　會試第一百十二名

高敞　貫直隸蘇州府崑山縣民籍　縣學生
治易經字德廣行一年三十二十二月初三日生
曾祖貴　祖達　父霄　母蔡氏
重慶下　弟敏　仁　禮　娶王氏
應天府鄉試第一百十名　會試第二百二十一名

江漢　貫直隸寧國府旌德縣民籍　國子生
治詩經字紀南行十年三十二八月二十三日生
曾祖盛德　祖義興　父尚智　母程氏
慈侍下　兄俊　璋　傑　濟　弟卿　濙　溥　洵　娶芮氏
應天府鄉試第七名　會試第一百五名

濮晋 貫直隸常州府武進縣軍籍 府學生
治詩經字用昭行七年三十四六月初七日生
曾祖道之 祖昌言 父濂 母溫氏
慈侍下 兄仁 義 禮 智 敬齡 信 恭 娶薛氏 繼娶趙氏
應天府鄉試第一名 會試第一百十四名

張憲 貫江西饒州府德興縣軍籍 國子生
治詩經字廷式行三十九年二十七正月初八日生
曾祖伯良 祖貴承 父崇惠 母吳氏
慈侍下 兄梓 忠 娶余氏
江西鄉試第三十五名 會試第二百十六名

胡超

貫浙江衢州府龍游縣人金華府湯溪縣民籍國子生

治詩經字彥超行四年四十六九月二十二日生

曾祖德仁 祖希華 父宗韶 前母江氏 母祝氏

慈侍下 兄圭 顯 穀 弟慎 恂 興 原 真 娶方氏

應天府鄉試第六名 會試第三十一名

第三甲一百六十九名

賜同進士出身

白坦

貫直隸常州府武進縣官籍　縣學生

治詩經字易之行一年二十五五月二十一日生

曾祖思恭　祖璠　父曙　母徐氏

重慶下　弟塾　坎　坤　娶黃氏

應天府鄉試第三十四名　會試第一百七十九名

司馬堊 貫浙江紹興府山陰縣儒籍 府學生

治詩經字通伯行六年三十四七月初十日生

曾祖緒 祖簡 知縣 父軫 教諭 母朱氏

嚴侍下 弟球 娶周氏

浙江鄉試第四名 會試第六十三名

汪山 貫直隸徽州府歙縣民籍 國子生

治春秋字仁夫行三年三十八十月十八日生

曾祖謙 祖復善 父相 母梅氏

慈侍下 兄福寧 福安 弟福海 娶洪氏

應天府鄉試第三十一名 會試第一百八名

柳芳

貫河南開封府睢州匠籍 國子生

治書經字廷直行七年三十十一月二十二日生

曾祖奉春 祖景良 父貞 母馬氏

慈侍下 兄聰 弟章 娶鄭氏 繼娶黃氏

河南鄉試第二十一名 會試第一百五十七名

袁道

貫江西吉安府吉水縣民籍 國子生

治詩經字德純行一年三十五二月十三日生

曾祖汝勤 祖篤恭 父詢亮 母羅氏

具慶下 弟德華 德秀 德瑞 娶曾氏

江西鄉試第六十一名 會試第六十九名

吳憲　貫直隸徽州府歙縣民籍　國子生
治春秋字爾清行一年三十七七月初十日生
曾祖榮祖　祖森　父遜　母程氏
嚴侍下　弟朝黃宗章善富義球播高　娶余氏　繼娶李氏
應天府鄉試第一百九名　會試第九十二名

賀元忠　貫直隸蘇州府吳縣民籍　府學生
治易經字濬民行二年三十四七月二十日生
曾祖孟安　祖文昌　父廉 按察司知事　母呂氏
慈侍下　兄元吉　弟元良　娶鄒氏
應天府鄉試第八名　會試第一百七十四名

趙潤 貫山東兖州府濟寧州軍籍 國子生

治春秋字良玉行一年三十九十月十一日生

曾祖恭讓 祖廣 父孜 母仙氏

具慶下 兄瀛 娶楊氏

山東鄉試第十名 會試第九十六名

李寅 貫直隸河間府興濟縣民籍 國子生

治書經字敬之行二年三十七八月初九日生

曾祖崇禮 祖景岩 父威判事 母高氏

慈侍下 兄寧 弟宣 娶張氏

順天府鄉試第三十二名 會試第八十四名

衛邦

貫山西澤州民籍 國子生

治書經字翰之行二年三十六四月十五日生

曾祖文瑞 祖景昭 父沖 母梁氏

慈侍下 兄麟 娶張氏

山西鄉試第五十名 會試第六十名

唐鼎

貫河南彰德府安陽縣民籍 國子生

治詩經字宗器行一年三十九十二月十四日生

曾祖通廉典史 祖公二 父俊 母宋氏

嚴侍下 弟廉 娶蔡氏

河南鄉試第十六名 會試第七十二名

李燁

貫福建福州府閩縣民籍　國子生

治易經字文暉行五年三十二五月十八日生

曾祖琚　祖燧明　父得嘉　母陳氏

具慶下　兄烜貢士　炤　弟炫　娶藍氏

福建鄉試第五十四名　會試第二百三十一名

俞俊

貫浙江處州府麗水縣民籍　國子生

治書經字尚賢行一年三十三八月初六日生

曾祖文玉封兵部主事　祖英兵部員外郎　父奇　母李氏

具慶下　弟佑　伸　倫　儀　偉　娶徐氏

浙江鄉試第六十九名　會試第二百十八名

張信

貫河南南陽府鄧州人直隸徐州民籍國子生

治詩經字習之行一年二十八九月二十九日生

曾祖道仁 祖廣 父茂 母牛氏

具慶下 弟傑 偉 娶申氏

應天府鄉試第八十九名 會試第二十名

王輔

貫陝西西安府同州民籍 國子生

治禮記字良弼行一年二十九八月初九日生

曾祖聱 祖榮 父禮 母張氏

具慶下 弟軏 輗 娶李氏

陝西鄉試第十八名 會試第六十一名

項旻

貫浙江溫州府瑞安縣民籍　國子生

治禮記字崇仁行六年四十三十二月十七日生

曾祖誾　祖士溫贈工部主事　父備工部主事　前母蔡氏贈孺人　母張氏封孺人　繼母陳氏

具慶下　弟洸　晰　娶徐氏

浙江鄉試第八十一名　會試第十三名

陳敔

貫山西平陽府浮山縣軍籍　國子生

治書經字勉學行二年三十四三月二十七日生

曾祖敬　祖俊　父福　母楊氏　繼母范氏

重慶下　兄玫　娶喬氏

山西鄉試第四名　會試第一百六十七名

朱守恕 貫湖廣郴州桂陽縣民籍 國子生

治書經字尚仁行三年三十七十一月初四日生

曾祖文達 祖友輔（贈監察御史） 父海（按察司僉事） 母何氏（封孺人）

慈侍下 兄魯 思 守義 娶鄧氏 繼娶何氏

湖廣鄉試第五十九名 會試第二百三名

褚祚 貫直隸蘇州府常熟縣民籍 國子生

治詩經字昌期行一年三十六二月二十四日生

曾祖方灶（縣丞） 祖希孔 父國蕃 母周氏

具慶下 弟禎 祥 機 娶徐氏

應天府鄉試第五十九名 會試第一百五十二名

吳凱

貫直隸廬州府合肥縣民籍 國子生

治書經字廷輔行一年三十一八月十五日生

曾祖庸 祖傑 父震 母傅氏

具慶下 娶王氏

應天府鄉試第六十四名 會試第一百六十五名

陳瑤

貫廣西桂林府全州民籍 增廣生

治禮記字仲華行五年二十四十月初一日生

曾祖民秀 祖利貢生 父章教諭 母蔣氏 繼母李氏

具慶下 兄璉 璁 琬貢生 璪 弟璘 瓛 璲 瑛 娶江氏

廣西鄉試第十名 會試第一百九十三名

饒裕

貫四川成都府資縣軍籍　國子生

治詩經字仁作行五年三十八八月十八日生

曾祖思賢　祖希孟　父珪　母郭氏　繼母徐氏

慈侍下　兄永清　永良　永宏　永旺　弟紀貢士　永高　永節　娶牟氏

四川鄉試第五十六名　會試第一百三十五名

桂鎬

貫浙江寧波府慈谿縣軍籍　增廣生

治詩經字宗周行一年三十二三月初十日生

曾祖慎中書舍人　祖益孫縣丞　父廷琰　母王氏

慈侍下　弟鐄　娶徐氏　繼娶余氏

浙江鄉試第四十名　會試第二百三十五名

章鋭　貫浙江寧波府鄞縣民籍　儒士

治易經字元進行三年三十四二月十一日生

曾祖禮榮　祖智達　父綸　母陳氏　繼母翁氏

嚴侍下　兄鑄 鎔　弟鑑 鏵 鐸 銓 銑 鉅 鑑 鐙 釗 銘 鉞　娶何氏

浙江鄉試第二十七名　會試第一百四十九名

李翰章　貫山東兗州府滋陽縣民籍　國子生

治書經字文卿行二年二十九正月二十九日生

曾祖全　祖溥教諭　父正教諭　母吳氏

具慶下　兄讚　娶湯氏

山東鄉試第七十四名　會試第一百二十三名

張英　貫江西饒州府德興縣軍籍　國子生
治詩經字尚實行二年三十二八月三十日生
曾祖伯署　祖仲節　父𤂇雅　母葉氏
慈侍下　兄勝　弟𢳳　娶項氏
江西鄉試第十七名　會試第一百四十四名

馬孔惠　貫直隸河間府景州東光縣匠籍　國子生
治詩經字孝卿行一年三十七四月十五日生
曾祖禎遠　兵部主事　祖闇如　父經　知縣　母徐氏
慈侍下　娶郭氏
順天府鄉試第九十六名　會試第一百七十三名

陳裕

貫福建興化府莆田縣民籍　增廣生

治書經字孟寬行二年四十七十月二十八日生

曾祖彥茂　祖尚質　父乾典史　母吳氏

永感下　兄仁　弟昶　緒　禮　紹　昇　娶翁氏　繼娶林氏

福建鄉試第七十三名　會試第一百三十一名

陳璧

貫直隸揚州府高郵州人山西太原左衛官籍國子生

治易經字瑞玉行四年三十六十一月十三日生

曾祖亮　祖志臯　父敎　母王氏

具慶下　兄璠百戶　璽　璵　弟琺　瑛　瑁　娶閻氏

山西鄉試第四名　會試第十一名

孫弁 貫江西饒州府浮梁縣民籍 國子生

治書經字文寬行四年四十八月十二日生

曾祖復原 祖忠文 父彥俊 前母汪氏 母徐氏 繼母王氏

永感下 兄昰 昱 昊 部國子生 弟顥 娶雷氏

江西鄉試第二名 會試第一百五十四名

顧純 貫直隸松江府華亭縣民籍 國子生

治春秋字以正行一年四十三四月初七日生

曾祖仲仁 祖禔 父塤 母吳氏 繼母蔣氏

慈侍下 弟繹 紘 綸 維 娶阮氏

應天府鄉試第九十三名 會試第二百二十七名

譚宗泗 貫四川潼川州蓬溪縣竈籍 國子生

治春秋字文淵行五年三十五九月十八日生

曾祖泰 祖必成 父宣知縣 母駱氏

嚴侍下 兄宗仁 宗器 宗義 宗節 弟宗載 娶杜氏

四川鄉試第六十一名 會試第二百三十二名

何鐘 貫湖廣永州府道州民籍 國子生

治詩經字廷宜行二年三十九六月二十一日生

曾祖曇 祖宗王 父應 母鄧氏

具慶下 兄鍠知州 弟鏞知縣 鉻 銳 娶許氏

湖廣鄉試第三十八名 會試第一百八十八名

朱欽　貫福建邵武府邵武縣軍籍　國子生

治詩經字懋恭行二年二十九十一月初一日生

曾祖子文　祖孟齡　父道暉　母黃氏

具慶下　兄鏗　娶黃氏

福建鄉試第五十名　會試第八十一名

宋端　貫湖廣湘陰縣人山東陽信縣民籍　國子生

治書經字民表行五年三十五十一月初六日生

曾祖忠　祖綸知縣　父敏府通判　母夏氏

永感下　兄嵩　岩　凱知縣　嶽　弟崟　山　娶高氏

山東鄉試第十九名　會試第三十名

曾拱辰

貫福建延平府南平縣軍籍 國子生

治春秋字朝極行一年三十七正月初四日生

曾祖恵一 祖仲榮 父延年 母廖氏

具慶下 弟朝珍 朝重 娶丘氏

福建鄉試第八十三名 會試第一百四十八名

吳漳

貫山東濟南府德平縣軍籍 國子生

治詩經字公濟行二年三十七十二月十八日生

曾祖子實（贈刑部郎中） 祖達（知府） 父琦（贈戶部主事） 母劉氏（封太安人）

慈侍下 兄漢 弟潤（戶部主事） 灝 江 淵 淮 娶張氏

山東鄉試第十一名 會試第二百二十三名

趙文盛
貫山西太原府陽曲縣軍籍 國子生
治易經字從周行一年三十八十二月初二日生
曾祖士廉 祖敬 父銘 母韓氏 繼母王氏
嚴侍下 弟文彬 文質 文憲 文華 文博 娶樊氏
山西鄉試第四十二名 會試第五十六名

陳軒
貫廣東潮州府海陽縣民籍 縣學生
治春秋字廷策行一年三十四正月二十七日生
曾祖善 祖立 父旭 母林氏
慈侍下 弟軾 載 輅 娶張氏
廣東鄉試第十三名 會試第一百五十六名

劉紳　貫湖廣衡州府衡陽縣軍籍　國子生
治詩經字宗儒行二年四十一六月二十八日生
曾祖榮[illegible]　祖文賓　父漢　母汪氏
具慶下　兄自安　弟自顯　自勉　自立　自如　自達　娶胡氏
湖廣鄉試第八十名　會試第一百十名

張稷　貫直隸揚州府高郵州寶應縣民籍國子生
治易經字世用行一年三十六二月初五日生
曾祖穀成　祖仲仁　父彥明　母鄭氏
具慶下　兄穟　貢士　娶許氏
應天府鄉試第十五名　會試第三十四名

黃熒

貫福建漳州府龍溪縣民籍 國子生

治易經字敦實行六年三十三十二月十八日生

曾祖從貞 祖遜民 父友立 前母王氏 母許氏

具慶下 兄宣 瑞 葵 雲 巻 弟炳 煥 娶顧氏

福建鄉試第八十七名 會試第二百四十九名

蘭玉

貫直隸真定府趙州民籍 國子生

治書經字廷章行三年三十四閏二月二十四日生

曾祖從政 祖翥 父福厚 母李氏

慈侍下 兄海 江 弟森 娶王氏 繼娶王氏

順天府鄉試第二名 會試第一百四十名

沈瓌　貫直隸淮安府宿遷縣民籍　國子生
治詩經字彥器行三年三十二十月十七日生
曾祖誠 大使　祖文德 贈左府經歷　父秉彝 鹽運司同知　母王氏 封宜人
慈侍下　兄滋器　大器　弟邦器　瑢　琪　娶趙氏
應天府鄉試第四十九名　會試第一百八十七名

任穀　貫廣西南寧府橫州人馴象衛軍籍　國子生
治春秋字生之行一年二十七十月十七日生
曾祖思義 大使　祖致遠　父信 訓導　母胡氏
慈侍下　娶吳氏
廣西鄉試第二十六名　會試第八十七名

劉宇

貫河南開封府鈞州民籍 國子生

治書経字志大行一年三十四六月十五日生

曾祖大淵 祖綱知州 父鼐 母魏氏

慈侍下 弟寧 定 娶苗氏

河南鄉試第四十二名 會試第三十五名

吳哲

貫江西臨川縣人遼東廣寧衛軍籍 國子生

治書経字克明行一年三十二十月初二日生

曾祖伯謙 祖文高 父蕑 母周氏

慈侍下 弟吟 娶李氏

山東鄉試第十七名 會試第一百五十名

李瑛

貫山東濟南府武定州人騰驤右衛官籍 國子生

治詩經字廷輝行三年三十六十月初六日生

曾祖彥忠 祖成 父敏 母孫氏

具慶下 兄玘 珍 弟璘 娶張氏

順天府鄉試第九十七名 會試第一百六十四名

孟瀛

貫直隸保定府博野縣官籍 國子生

治春秋字宗淵行四年二十九三月初九日生

曾祖遇春贈戶部右侍郎 祖桓贈戶部右侍郎 父鑑工部右侍郎 嫡母嚴氏封淑人 生母張氏

慈侍下 兄淮運使 潮 淇 弟瀟 澄 娶姚氏

順天府鄉試第八十二名 會試第一百七十名

張昺

貫浙江寧波府慈谿縣人寧波衛官籍 國子生
治詩經字仲明行一年三十九月二十二日生
曾祖賢良 贈監察御史 祖楷 右僉都御史 父應麟 鎮撫 母虞氏
具慶下 弟旦昱晁昂暹易鼎 娶杜氏
浙江鄉試第六十五名 會試第二十八名

閻琮

貫山東登州府蓬萊縣民籍 國子生
治春秋字廷珍行三年三十九九月二十一日生
曾祖伯高 祖尚友 父徽 通判 母宋氏
嚴侍下 兄瑄 瑛 娶孫氏 繼娶胡氏
山東鄉試第七十五名 會試第二百十九名

陳觀

貫直隸順德府廣宗縣軍籍　縣學生

治詩經字尚賓行二年三十一四月二十日生

曾祖友忠　祖良勝　父瑛知縣　母劉氏

具慶下　兄紘　弟季　娶王氏　繼娶楊氏

順天府鄉試第六十四名　會試第一百六十二名

周茂

貫直隸永平府盧龍縣民籍　國子生

治書經字時雍行一年三十二五月十五日生

曾祖得玉　祖全　父尚文縣丞　母蔡氏

慈侍下　弟蕃　英　娶申氏　繼娶李氏

順天府鄉試第七十八名　會試第九十名

王雄

貫山東東昌府夏津縣民籍 國子生
治易經字鎮遠行二年三十八正月十三日生
曾祖士舉 知州 祖大公 父昶 母金氏
具慶下 兄英 弟俊 傑 娶陳氏
山東鄉試第三十四名 會試第一百九十二名

彭銓

貫湖廣襄陽府襄陽縣匠籍 國子生
治詩經字大用行一年三十七十一月二十二日生
曾祖普成 祖仁 父英 母韓氏 繼母杜氏
慈侍下 弟鑑 鎮 銘 娶李氏
湖廣鄉試第五十名 會試第一百五十九名

楊維

貫湖廣常德府武陵縣民籍 國子生

治書經字憲維行二年二十七十月二十日生

曾祖思敬 祖賢 父煜章 母周氏

具慶下 兄徽 弟緝 紳 娶黃氏

湖廣鄉試第十名 會試第一百四十六名

錢玉

貫四川重慶府涪州民籍 州學生

治易經字德輝行一年三十三月初五日生

曾祖富二 祖茂吏目 父廣 母景氏

具慶下 弟珠 玫 娶張氏

四川鄉試第四十三名 會試第五十五名

許斌

貫山西太原府陽曲縣軍籍　國子生

治書經字廷佐行三年三十五十月初八日生

曾祖文質　祖子信　父賢　母姚氏

具慶下　兄完　榮　娶趙氏　繼娶陳氏

山西鄉試第十六名　會試第一百七十一名

汪箎

貫浙江杭州府仁和縣人太醫院籍　國子生

治春秋字仲和行三年三十五九月二十九日生

曾祖僧二　祖仲仁　父士淵贈翰林編修　母褚氏封太孺人

慈侍下　兄諧翰林修撰　貴　娶施氏

順天府鄉試第三十四名　會試第五十四名

高昇

貫遼陽盖州人遼東定遼中衛軍籍 國子生

治詩經字明遠行一年四十九月二十八日生

曾祖士義 祖能 父亮 母李氏

具慶下 弟昇 娶趙氏

山東鄉試第三十九名 會試第一百四十七名

王肅

貫江西臨江府新喻縣民籍 國子生

治春秋字崇恭行七年三十七十月十六日生

曾祖中立 祖和義 父同德 母廖氏

永感下 弟崇寬 崇信 崇敏 崇惠 娶彭氏

江西鄉試第二十六名 會試第一百三十二名

程普　貫河南彰德府臨漳縣民籍　國子生

治禮記字克濟行四年二十八十一月二十九日生

曾祖士昂　祖鼎　父聚　前母任氏　母趙氏

具慶下　兄周　麥名　寬　弟編　娶袁氏　繼娶崔氏

河南鄉試第七十四名　會試第一百二十四名

馮廣　貫河南開封府鄭州民籍　國子生

治書經字永公行三年三十正月二十七日生

曾祖惟敬　祖信　父紀　母任氏

慈侍下　兄廉國子生　慶　弟康　娶王氏

河南鄉試第五十六名　會試第八名

易鶚

貫河南汝寧府固始縣民籍　國子生
治詩經字九霄行一年三十五十月初八日生
曾祖鑑　祖經　父陳　母彭氏
永感下　弟麟　男象　娶徐氏
河南鄉試第五十三名　會試第一百三十名

章武

貫江西撫州府臨川縣民籍　府學生
治書經字繼韶行七年三十五九月初十日生
曾祖希明　祖仕恭　父子玉　母聶氏
永感下　弟繼祖　娶趙氏
江西鄉試第三十三名　會試第八十八名

吳泰 貫應天府江浦縣民籍 縣學生

治禮記字昌期行二年三十一七月二十三日生

曾祖彥真 祖嗣衡 父通 母詹氏

具慶下 兄武 弟山 喬 嶽 鸞 鳳 娶李氏

應天府鄉試第一百十三名 會試第二百二十九名

謝綱 貫直隸永平府灤州民籍 州學生

治詩經字廷憲行三年三十七九月十一日生

曾祖子成 祖讓 父福義官 母王氏

具慶下 兄經 綸 弟紀 恩 綋 娶周氏

順天府鄉試第四十三名 會試第二百十名

文林

貫湖廣衡山縣人直隸蘇州府長洲縣官籍國子生

治易經字宗儒行一年二十八十月十八日生

曾祖定聰 祖惠 父洪賁 母陳氏 繼母顧氏 呂氏

具慶下 兄元倫 千户 弟森 彬 娶祁氏

應天府鄉試第一百四名 會試第二十五名

方顯

貫四川重慶府江津縣民籍 國子生

治春秋字孔融行三年三十正月二十九日生

曾祖世華 祖必政 父有道 教授 母李氏

具慶下 兄茂 璜 弟英 俊 達 娶戴氏

四川鄉試第四十七名 會試第一百八十四名

游興　貫福建福州府懷安縣民籍　縣學生
治禮記字用賔行三年三十三八月十七日生
曾祖伯寅　祖珪　父文坦　母楊氏
具慶下　弟正　隆　盛　娶惠氏
福建鄉試第三十四名　會試第一百三十九名

歐瑄　貫湖廣郴州興寧縣民籍　國子生
治詩經字廷璧行二年三十七九月初五日生
曾祖宗禮　祖必璇　父永暹　母尹氏　繼母李氏
具慶下　兄仕珪　弟仕玉　仕瑛　娶鍾氏　繼娶朱氏
湖廣鄉試第四十九名　會試第九十五名

陸淵

貫浙江紹興府餘姚縣民籍 國子生

治禮記字子澄行九年三十八二月初十日生

曾祖世廷 祖可恒 父友智 母陳氏

具慶下 兄澄 浩 弟源 瀛 瀚 瀗 漢 濟 娶應氏

浙江鄉試第四名 會試第二百二十七名

朱賛

貫江西南昌府進賢縣軍籍 國子生

治春秋字光輔行八年三十九正月二十八日生

曾祖仕方 祖以節 父濟用 嫡母熊氏 生母劉氏

具慶下 弟光弼 娶吴氏

江西鄉試第六十五名 會試第一百七十七名

陳金

貫湖廣德安府應城縣官籍　國子生

治書經字汝礪行一年二十七十一月十一日生

曾祖直方教諭贈刑部員外郎　祖坦知府　父琳按察僉事　母郭氏

重慶下　弟鏌　鏊　娶黃氏

湖廣鄉試第十一名　會試第五十九名

朱福

貫直隸蘇州府吳縣人南京興武衛軍籍應天府增廣生

治書經字天錫行二年三十十二月初八日生

曾祖孟莊　祖仲和　父信　母劉氏

具慶下　兄祥　弟贊　娶張氏　繼娶龍氏

應天府鄉試第五十九名　會試第一百八十二名

李珉

貫河南衛輝府淇縣人貴州烏撒衛軍籍 國子生

治易經字美中行一年三十八七月二十日生

曾祖義 元萬戶 祖英 監察御史 父通 母徐氏 繼母張氏

具慶下 弟琨 瑪 璨 瓛 璽 瑾 玠 瑞 娶錢氏

雲南鄉試第十七名 會試第八十二名

趙英

貫陝西臨洮府蘭縣軍籍 國子生

治詩經字儲秀行一年三十七五月二十一日生

曾祖仲德 祖庸 父忠 母徐氏

嚴侍下 弟傑 娶陳氏

陝西鄉試第四十六名 會試第十七名

凌昇

貫四川都司成都後衛軍籍 國子生

治詩經字騰舉行三年四十四十一月二十二日生

曾祖福 祖旺 父政 母唐氏

具慶下 兄彔 昱 弟杲 娶苟氏

四川鄉試第五十七名 會試第二百二十四名

林泮

貫福建福州府閩縣民籍 國子生

治禮記字用養行三年三十五十一月十三日生

曾祖連 祖祐 父鈍封[illegible]詢職工部主事 母王氏封安人

慈侍下 兄清 源工部主事 瀫 弟深 淵同科進士 潤 澤 娶楊氏

福建鄉試第五名 會試第二百名

樂宗茂 貫浙江杭州府仁和縣民籍 國子生
治禮記字景德行二年四十一三月廿四日生
曾祖子方 祖以清 父顒後府都事 母徐氏
慈侍下 兄宗衡 弟宗蕃 宗華 娶茹氏 繼娉陸氏
浙江鄉試第十二名 會試第十九名

傅金 貫浙江鄞縣人廣西南丹衛官籍 國子生
治詩經字汝礪行一年三十二月初五日生
曾祖一民 祖雍 父牧之南丹衛千戶 前母崔氏 李氏 母高氏
具慶下 弟相南丹衛千戶 娶張氏
廣西鄉試第三十九名 會試第七十五名

崔俊

貫山西太原府陽曲縣民籍 國子生

治詩經字世英行三年三十二十二月三十日生

曾祖敏 祖忠贈戶部郎中 父能兩淮運使 母卜氏封宜人 繼母高氏封宜人

慈侍下 兄儀 儀 弟傑 伸 侃 仁 娶石氏 繼娶韓氏

山西鄉試第四十九名 會試第五十八名

張瑛

貫廣東廣州府新會縣民籍 國子生

治詩經字德輝行一年三十五八月二十六日生

曾祖容光 祖寬 父紳知縣 母吳氏

具慶下 弟瑜 娶余氏 繼娶梁氏

廣東鄉試第七名 會試第九十四名

吳郁　貫直隸徽州府休寧縣民籍　府學生

治春秋字文盛行一年三十三九月初四日生

曾祖永仲　祖振圓　父彥瑞　母許氏

具慶下　弟岳　珪　齋　旭　昂　逵　廣　遇　貫　娶陳氏

應天府鄉試第九名　會試第四名

黃寬　貫福建泉州府晉江縣民籍　國子生

治書經字汝栗行二年三十八五月二十二日生

曾祖以直　祖永昭　父貴國子助教　母馬氏

慈侍下　兄恭壹　弟信　敏　惠　娶侯氏

順天府鄉試第一百三十二名　會試第一百六十一名

劉鳳翔 貫河南汝寧府光山縣民籍 國子生

治春秋字德輝行一年三十四三月初二日生

曾祖元亮 祖瀞 父子昂 母左氏

永感下 弟鳳呈 鳳儀 鳳翺 鳳雲 鳳翀 娶陳氏

河南鄉試第七十四名 會試第十名

王璟 貫山東兗州府沂州軍籍 州學生

治書經字廷采行三年二十七正月二十日生

曾祖海 祖昇 父綱倉大使 母徐氏

具慶下 兄瑋 瓚 娶劉氏

山東鄉試第六十八名 會試第七十七名

孫需　貫江西饒州府德興縣民籍　增廣生

治易經字孚吉行三年二十五八月初四日生

曾祖伯清 贈兵部尚書　祖原貞 兵部尚書　父敏 訓導　母汪氏　繼母王氏

重慶下　兄乾　蒙　弟謙　晉　觀　貢　有　娶李氏

江西鄉試第二名　會試第五十名

陳英　貫浙江寧波府鄞縣民籍　國子生

治詩經字廷賢行六年三十五九月二十日生

曾祖簡文　祖慶邦　父鍔　母余氏

永感下　兄彥參　彥澄　彥濟　彥涵　弟彥濬　娶錢氏

浙江鄉試第六十三名　會試第七十三名

林清

貫福建福州府福清縣民籍 國子生

治詩經字[illegible][illegible]行二年三十九九月初五日生

曾祖宗庠 祖懋 父節 母李氏

具慶下 弟源 濬 渾 娶卓氏

福建鄉試第十四名 會試第一百二十名

何瀞

貫廣東廣州府東莞縣軍籍 國子生

治易經字源清行二年三十九十月二十一日生

曾祖仲英 祖唐章 父俊 母余氏

具慶下 兄潤 弟澄 娶麥氏

廣東鄉試第五十三名 會試第一百二名

華清 貫湖廣德安府應城縣匠籍 國子生

治易經字瀌卿行四年三十七十二月十三日生

曾祖文興 祖芳 父原禮 母胡氏

慈侍下 兄福 海 澄 娶范氏

湖廣鄉試第七十二名 會試第十六名

李勤 貫直隸保定府易州軍籍 國子生

治詩經字時勉行七年三十六十一月初八日生

曾祖士英 祖甫山 父濟享 前母任氏 母王氏

慈侍下 兄禎 祥 忠 孝 娶張氏 繼娶馮氏

順天府鄉試第一百三十一名 會試第四十五名

李諒 貫山西澤州民籍 國子生

治詩經字友信行一年三十四二月二十三日生

曾祖得源 祖振 父綸醫學典科 母張氏

具慶下 弟記 誌 娶馮氏

山西鄉試第六十名 會試第二百四十三名

楊一清 貫雲南安寧州人湖廣巴陵縣民籍 翰林院秀才

治書經字應寧行一年十八十二月初六日生

曾祖情元經歷 祖福山 父景州同知 前母張氏 劉氏 母張氏

具慶下 聘段氏

順天府鄉試第四十二名 會試第十二名

朱仲炘 貫浙江處州府縉雲縣人順天府大興縣富戶籍國子生

治禮記字德輝行四年三十二十月初五日生

曾祖伯銘 祖子堯 父玲 母毛氏

具慶下 兄渙 海 泗 弟濱 娶王氏

順天府鄉試第六十四名 會試第八十二名

胡漢 貫江西廣信府鉛山縣民籍 國子生

治書經字源梁行十一年三十七月二十二日生

曾祖宣 祖添 父思弘贈工部主事 嫡母陳氏贈安人 生母吳氏

永感下 兄濬知府 浩 清 弟潔 娶江氏

江西鄉試第三十三名 會試第三十七名

王佐

貫河南南陽府汝州軍籍　國子生

治禮記字良弼行一年三十九十二月二十日生

曾祖從之　祖德温　父本壽　母陳氏

具慶下　弟佑　娶秦氏　繼娶馬氏

河南鄉試第十九名　會試第一百九十六名

俞璣

貫直隸蘇州府吳縣人貴州前衛軍籍　宣慰司學生

治春秋字廷美行六年三十五六月初三日生

曾祖吉卿　祖德成　父昇　母張氏

永感下　兄珩　瓛　璇　隆　附　娶平氏

雲南鄉試第五名　會試第一百九十名

董綬 貫湖廣黃州府麻城縣軍籍 國子生

治春秋字嗣章行三年四十七月十二日生

曾祖南壽 祖潮府檢校 父應軫按察司僉事 母徐氏 繼母王氏

嚴侍下 兄緒府通判 紹 弟縉 絟 綎 縨 紘 娶周氏

湖廣鄉試第四十六名 會試第八十五名

徐廣 貫山東兗州府曹州民籍 國子生

治詩經字居仁行二年三十一五月二十日生

曾祖世英 祖彥祥縣丞 父興 母劉氏

具慶下 兄寬 娶姜氏

山東鄉試第十五名 會試第一百二十二名

羅貫 貫河南開封府扶溝縣民籍 國子生
治書經字世卿行四年三十八正月初七日生
曾祖鼎昌司獄 祖錦 父俊府通判 母崔氏
永感下 兄貴 贇 賓 弟貫 娶劉氏
河南鄉試第二十三名 會試第一百二十八名

張清 貫直隸大同中屯衛軍籍 國子生
治詩經字澄源行一年三十四二月初三日生
曾祖以恭 祖義 父輔 母邵氏 繼母陸氏
嚴侍下 弟洪 海 潢 濂 浩 淩 娶趙氏 繼娶郭氏
順天府鄉試第七十四名 會試第七十四名

陳理

貫應天府溧水縣人直隸德州衛官籍 州學生

治詩經字民彝行二年三十一七月二十八日

曾祖子雲　祖綬　父廣　母曹氏

具慶下　兄傑百戶　弟環　琇　娶姜氏

山東鄉試第十八名　會試第二百三十名

吳珙

貫福建延平府南平縣民籍　國子生

治詩經字廷瑞行一年四十二十二月十四日生

曾祖仁澤　祖壽　父勝　母魏氏

嚴侍下　弟瑄　娶張氏　繼娶謝氏

福建鄉試第二十六名　會試第一百九十七名

李瀛　貫順天府宛平縣官籍　儒士

治易經字宗海行二年二十四十月二十七日生

曾祖嘉 禮部左侍郎　祖粟 贈兵部右侍郎　父謙 冠帶舍人　母解氏

具慶下　兄浦 國子生　弟濰 瀚 瀕 濂 江 潞 瀏 灤 洙 泗　娶林氏

順天府鄉試第一百十名　會試第二百四十六名

郝隆　貫直隸永平府灤州民籍　國子生

治詩經字景昌行二年三十二十月二十三日生

曾祖富四　祖名一　父興　母陳氏

具慶下　兄威　弟秀　娶李氏

順天府鄉試第三十七名　會試第二百五十名

李孟晊 貫河南開封府鈞州民籍 國子生

治書經字時泰行五年二十七十月十六日生

曾祖景春 祖郁 父斌縣丞 前母張氏 母岳氏

慈侍下 兄孟昭 孟昇 孟暘同科進士 孟曦 娶宋氏

河南鄉試第十一名 會試第四十九名

張廷綱 貫應天府江寧縣人直隸永平衛軍籍 國子生

治易經字朝振行二年三十五十一月二十六日生

曾祖仲德 祖傑 父徵 母王氏

慈侍下 兄海 娶徐氏 繼娶周氏

順天府鄉試第三十五名 會試第四十一名

喬縉 貫河南河南府洛陽縣民籍 國子生
治詩經字廷儀行一年二十四二月初七日生
曾祖仲良 祖聚 父昇教諭 母李氏
具慶下 弟紳 經 綸 娶衛氏
河南鄉試第四名 會試第一百名

李復貞 貫四川瀘州民籍 國子生
治書經字明實行四年二十九六月十一日生
曾祖彥才 祖誠 父劾 母陳氏
具慶下 兄復初知州 復元 復亨 娶王氏 繼娶閔氏
四川鄉試第四十一名 會試第一百四十五名

羅元祥 貫山西太原府榆次縣民籍 國子生

治禮記字宗瑞行三年三十五九月二十八日生

曾祖希祖 祖資典史 父錦 母邢氏

具慶下 兄元利 元吉進士 弟元貞 娶劉氏

山西鄉試第四十八名 會試第四十八名

余鐸 貫江西臨江府清江縣人河南南陽衛官籍 國子生

治書經字文振行四年三十六九月二十八日生

曾祖志學 祖廷旭 父瓚同知 嫡母簡氏封淑人 生母楊氏

慈侍下 兄富 貴 榮 娶曾氏

河南鄉試第七十七名 會試第一百十八名

靳睿

貫陝西西安府同州郃陽縣民籍 國子生
治易經字希顏行三年二十一四月二十二日生
曾祖思義 祖浩 父旺 母馬氏
慈侍下 兄茂 滕 弟盤 坊 瀋 璿 娶王氏
陝西鄉試第四十九名 會試第一百二十七名

馬鑑

貫湖廣襄陽府襄陽縣軍籍 國子生
治易經字文煥行一年四十一八月二十九日生
曾祖明甫 祖忠 父騏學生 母趙氏
慈侍下 弟銘 娶姬氏 繼娶周氏
湖廣鄉試第八十四名 會試第一百八十五名

奚銘 貫順天府宛平縣匠籍 國子生
治禮記字克新行一年三十八三月十八日生
曾祖中 祖澄 父伯通 前母陸氏 母祝氏
永感下 娶周氏
順天府鄉試第六十七名 會試第十八名

陳福 貫直隸保定府新城縣人湖廣漢陽縣民籍 國子生
治書經字宗範行二年四十二正月二十五日生
曾祖伯盈 祖順親光祿寺丞 父儀[illegible] 母薛氏
嚴侍下 兄禮[illegible] 弟祿 禎 祥 祐 祺 娶董氏
湖廣鄉試第七名 會試第二百四十五名

樊金

貫江西南昌府進賢縣民籍 國子生

治詩經字公礪行四年三十二十月二十六日生

曾祖用巽 祖伯倫 父仕貫 母萬氏

慈侍下 兄公治 璋[illegible] 娶夏氏

江西鄉試第二十三名 會試第一百六十九名

強湍

貫福建福州府侯官縣民籍 府學生

治春秋字克謙行四年三十四二月初六日生

曾祖伯嘉 祖澤 父同生 母黃氏

慈侍下 兄漢 浚 注 娶王氏

福建鄉試第七十八名 會試第一百八十一名

貫四川成都府內江縣軍籍　國子生

揭魁

治書經字士元行二年三十七五月二十三日生

曾祖勝才　祖仲賢　父志清　母冷氏　繼母龔氏

嚴侍下　兄理　弟璉　簡　娶謝氏

順天府鄉試第六名　會試第四十名

貫江西南康府建昌縣民籍　國子生

胡榮

治書經字邦顯行五年四十一十月初五日生

曾祖紹先　祖德厚　父仲勉　母劉氏

永感下　兄新按察使　奎　璧　塏　弟堪　埜　圻　娶李氏

江西鄉試第五十七名　會試第一百五十一名

金舜臣

貫山西平陽府襄陵縣人平陽衛籍　府學生

治詩經字汝弼行一年二十三八月十三日生

曾祖太　祖真　父全府同知　母楊氏

重慶下　弟舜卿　舜鄰　舜佐　舜佑　舜民　舜賓　舜問　娶郭氏

山西鄉試第三十名　會試第一百七名

李隆

貫山西平陽府蒲州河津縣軍籍　國子生

治書經字世昌行二年三十三十二月初七日生

曾祖允禎　祖欽　父春　母衣氏

具慶下　兄思　弟瑜　璽　瓚　珪　娶張氏

山西鄉試第三十八名　會試第一百六十六名

馮沅

貫浙江台州府臨海縣民籍 國子生

治詩經字榮端行九年三十一三月初六日生

曾祖子曉 祖原詢 父尚頎贈刑部主事 前母尹氏 母許氏封安人

慈侍下 兄楣 銀前刑部員外郎 鏷 楨 槼 棎 槮 榜 弟欒 娶張氏

浙江鄉試第八十名 會試第三十八名

程春震

貫湖廣德安府雲夢縣軍籍 縣學生

治易經字時舉行一年三十四九月初五日生

曾祖本府同知 祖易 父升國子生 母張氏

慈侍下 弟春雷 春雲 春霄 春霖 春霽 娶魏氏

湖廣鄉試第五十二名 會試第二百四十一名

林貴

貫廣東廣州府南海縣民籍　府學生

治易經字良貴行三年三十九三月十八日生

曾祖郁　祖應冬　父伯清　母熊氏

慈侍下　兄芳　俊　娶羅氏

廣東鄉試第六十二名　會試第六十八名

姜昂

貫直隸蘇州府崑山縣民籍太倉鎮海衛學生

治易經字恒頫行一年二十六正月十四日生

曾祖子源　祖箎　父敏　母曹氏

具慶下　弟彔　昱　杲　娶滑氏

應天府鄉試第二十八名　會試第一百五十八名

王勉

貫順天府宛平縣匠籍　府學生

治詩經字時蓋行一年三十五五月初七日生

曾祖志道　祖日新　父實　嫡母唐氏　生母蘇氏

嚴侍下　弟憲　章　娶黃氏

順天府鄉試第三名　會試第三十六名

陳塏

貫浙江寧波府鄞縣人欽天監官籍　國子生

治書經字汝陵行三年三十五四月二十二日生

曾祖資敬陰陽訓術　祖雷五官靈臺郎　父鏞　母嚴氏　繼母張氏

慈侍下　兄槼　城　弟埴　培　墳　圻　墕　娶劉氏

順天府鄉試第六十三名　會試第二百二十名

鄺頤 貫廣東廣州府南海縣民籍 順德縣學生
治易經字惟貞行一年三十一十一月二十九日生
曾祖雄飛 祖希哲 父昌 母鍾氏
具慶下 弟顥 頏 預 娶梁氏
廣東鄉試第四十九名 會試第二百一名

王紳 貫陝西慶陽府安化縣軍籍 府學生
治禮記字縉卿行二年二十七五月初三日生
曾祖彥成 祖彪 父盛巡檢 母劉氏
重慶下 兄紀 娶于氏
陝西鄉試第十四名 會試第一百七十八名

王弁 貫江西吉安府吉水縣人湖廣襄陽府襄陽縣民籍國子生

治詩經字世瞻行一年三十三二月初八日生

曾祖欽德 祖孟彝 父斆價 母李氏 繼母孟氏

具慶下 弟寬 昇 收 謨 詔 證 訓 娶劉氏

湖廣鄉試第九名 會試第一百七十五名

李暹 貫順天府大興縣人留守左衛軍籍 國子生

治詩經字伯暘行二年三十七七月初四日生

曾祖孝義 元萬戶 祖淨然 父清 母馬氏

慈侍下 兄昂 通判 娶王氏

順天府鄉試第十三名 會試第五十二名

鄭護

貫廣東廉州府石康縣民籍　國子生

治易経字汝諧行二年三十五六月初七日生

曾祖祥　祖賓檢校　父賜訓導　母謝氏

慈侍下　兄龍　弟麒　韶　娶盧氏

廣東鄉試第十二名　會試第七十九名

宋嶽

貫福建興化府莆田縣軍籍　縣學生

治詩経字紹申行八年四十十月二十一日生

曾祖彥章　祖士秩　父肅倫　母林氏

具慶下　兄巨瞻教諭　崑　弟嶙　娶林氏

福建鄉試第八十名　會試第二百四十四名

徐節

貫浙江嚴州府壽昌縣人貴州衛軍籍國子生

治易經字時中行六年三十八五月初七日生

曾祖伯遜　祖子旭　父資　母陳氏

慈侍下　兄鼎震比旅聰　弟觀球璉　娶夏氏

雲南鄉試第十八名　會試第三百四名

羅九鼎

貫四川重慶府合州軍籍　國子生

治易經字象州行三年二十八正月初十日生

曾祖賢祖　祖暹知事　父紳　母李氏

具慶下　兄九疇　九萬　娶余氏

四川鄉試第五十一名　會試第一百十三名

管麟　貫陝西西安府咸寧縣軍籍　國子生
治易經字文禎行一年二十九六月初三日生
曾祖仲溫　祖彥祥　父英　母張氏
具慶下　弟鯨　娶宋氏
陝西鄉試第三十九名　會試第二百三十四名

陳嘉謨　貫四川重慶府巴縣民籍　國子生
治詩經字良顯行一年二十九九月十六日生
曾祖友斌　祖瓚贈工部主事　父仲紀　母茍氏
重慶下　弟嘉慶　嘉學　嘉誥　嘉亂　嘉蹤　娶李氏
四川鄉試第四十七名　會試第六名

李雲　貫江西袁州府分宜縣民籍　國子生
治書經字載章行四年四十二十二月二十四日生
曾祖子煥[illegible]　祖懷端　父嗣憲　母曾氏
永感下　兄震　霖　霽　弟霆　娶蕭氏
江西鄉試第三十七名　會試第二百三十九名

呂炯　貫浙江寧波府鄞縣民籍　國子生
治書經字文昭行三年三十六五月初一日生
曾祖天民　祖守質　父岳　母蔣氏
慈侍下　兄煛　昺　弟昚　暤　暾　覔　昇　昱　娶沈氏
應天府鄉試第七十三名　會試第二百三十三名

馬驄

貫廣東廣州府順德縣民籍　國子生

治禮記字伯良行一年三十八十二月二十日生

曾祖愈隆　祖秘子　父燧　母傅氏

永感下　娶關氏

廣東鄉試第二十九名　會試第二十六名

董燊

貫直隸蘇州府常熟縣民籍　國子生

治春秋字克明行一年四十四十月二十四日生

曾祖叔熊　祖士璵　父庸縣丞　母朱氏

具慶下　娶楊氏

應天府鄉試第二十一名　會試第二百八名

趙烱 貫四川重慶府永川縣軍籍 國子生
治書經字文鑑行二年三十四四月二十五日生
曾祖友先 祖榮 父本中 母晏氏
具慶下 兄章 弟選 粹 娶鄧氏 繼娶劉氏
四川鄉試第五十二名 會試第一百一名

楊仲倫 貫雲南大理府太和縣民籍 國子生
治禮記字宗理行八年三十五三月初三日生
曾祖恭 祖弼 父麟 母趙氏
慈侍下 兄禮儒 謫仙 本佺 素卿丕畔 素侯官儀 文誥 文珏 娶趙氏
雲南鄉試第二十六名 會試第二百十七名

洪漢

貫山東濟南府章丘縣民籍　國子生

治易經字天章行二年三十二二月二十日生

曾祖大　祖士中　父讓訓導　母李氏

重慶下　兄江　弟潮　娶司氏

山東鄉試第二十七名　會試第一百二十一名

王經

貫直隷蘇州府長洲縣民籍　縣學生

治書經字允常行一年三十四六月二十二日生

曾祖仲榮　祖惟善　父讓教諭　母徐氏

具慶下　弟綸　縉　紳　娶袁氏　繼娶顧氏

應天府鄉試第五十七名　會試第二百十四名

王暄 貫浙江紹興府嵊縣民籍 國子生
治詩經字時暘行五年三十五三月二十九日生
曾祖廷玉 祖斯浩 父鈍訓導 母唐氏
嚴侍下 兄晉曼昱暐 弟暎晏晚晦 娶葉氏
浙江鄉試第二十五名 會試第一百三十六名

朱慶雲 貫湖廣黃州府黃陂縣軍籍 國子生
治詩經字奇逢行二年三十六十二月初一日生
曾祖祥輔 祖文質 父皡教諭 母藍氏
具慶下 兄霈雲 娶魯氏
湖廣鄉試第五十七名 會試第二百二十二名

鄧庠

貫湖廣郴州宜章縣民籍　國子生

治書經字宗周行三年二十六四月十八日生

曾祖文端判孝感州部郎中　祖本道知府　父紀前漳州府推官　母鄺氏　繼母凌氏　李氏

具慶下　兄廉　慶　弟膺　序　庚　雍　庚　唐　娶薛氏

湖廣鄉試第四十三名　會試第九十三名

楊純

貫四川順慶府廣安州大竹縣民籍　國子生

治詩經字彥誠行三年三十七十二月初三日生

曾祖顒縣丞　祖思聰　父輔　母羅氏

永感下　兄文綱　文紀　弟文學　娶湯氏

四川鄉試第三十三名　會試第一百七十二名

洪漢 貫直隸徽州府歙縣民籍 國子生

治禮記字朝宗行二年四十一七月初三日生

曾祖德 祖孟佳 父尚文 母胡氏

慈侍下 兄鏞 弟璋 文正 希止 娶江氏

應天府鄉試第一百七八名 會試第一百三十六名

劉懋 貫湖廣荊州府江陵縣民籍 國子生

治易經字勉之行三年三十一十月十五日生

曾祖本 祖永 父濬 母張氏

具慶下 兄樣 梁 娶李氏

湖廣鄉試第八十五名 會試第一百六十八名

胡縉

貫江西吉安府廬陵縣儒籍 國子生

治詩經字曰紳行一年三十五二月十九日生

曾祖仕仁 祖伯倫 父善環 母劉氏

具慶下 娶陳氏

江西鄉試第九十六名 會試第九名

彭恭

貫湖廣常德府龍陽縣民籍 國子生

治詩經字敬之行二年三十五八月初二日生

曾祖昂大使 祖文斌 父笑莫 母李氏

永感下 兄永和 娶高氏

湖廣鄉試第二十一名 會試第一百六十三名

吳玉榮

貫福建興化府莆田縣盐籍平海衛學民生

治詩經字世重行三年三十三七月二十五日生

曾祖國付 祖文傑 父止敬 母林氏

慈侍下 兄玉成 玉倩 弟玉給 玉紀 娶陳氏

福建鄉試第七十一名 會試第七十八名

吳智

貫浙江紹興府餘姚縣民籍 國子生

治禮記字汝哲行四年四十一四月初七日生

曾祖得順 祖彥英 父宗廣 母馮氏

慈侍下 兄汝學 汝璋 汝珪 娶王氏

浙江鄉試第七十名 會試第二百三十八名

張雄 貫陝西西安府同州軍籍 國子生
治詩經字文偉行四年三十二月十五日生
曾祖忠 祖富禮 父進 母王氏
慈侍下 兄孟 端 簡 娶孫氏
陝西鄉試第十一名 會試第二百六名

沈瑬 貫直隸蘇州府嘉定縣民籍 國子生
治易經字伯玉行一年三十八正月初二日生
曾祖士珩 祖文禮 父洧 母沈氏
具慶下 弟廷璧 娶金氏
應天府鄉試一百二十三名 會試第一百九十五名

張撫

貫陝西鳳翔府寶雞縣民籍 國子生

治易經字世安行三年四十二七月十七日生

曾祖好禮 祖榮醫學訓科 父聰醫學訓科 母趙氏

永感下 兄輔醫學訓科 紀 弟拯醫學生 娶趙氏

陝西鄉試第三十七名 會試第七十名

薛真

貫山西大同府大同縣軍籍 國子生

治詩經字大正行六年三十二九月二十七日生

曾祖慶甫 祖文義 父鏞禮科給事中 前母劉氏 母陳氏

慈侍下 兄政 中 和 均 平 娶王氏

山西鄉試第八名 會試第一百十七名

吳琳

貫直隸蘇州府長洲縣民籍 國子生

治詩經字廷章行七年三十九七月十九日生

曾祖履道州同知 祖仲瓛 父孟昇 母祖氏

永感下 兄瑛 璡 璁 琦 瑢 璠 弟璿 璣 娶鄒氏

應天府鄉試第八十五名 會試第一百九十四名

倪鏞

貫河南南陽府鎮平縣民籍 國子生

治春秋字廷器行三年三十三正月三十日生

曾祖賢 祖敬經歷 父忠 母沈氏 繼母黃氏

慈侍下 兄昻 旻 娶曹氏

河南鄉試第三十四名 會試第一百五十三名

王佐

貫直隸大名府開州民籍　國子生

治書經字君卿行一年三十八四月十九日生

曾祖時能　祖希名　父宗美　母楊氏

慈侍下　娶封氏

順天府鄉試第七十三名　會試第六十七名

國志虞

貫直隸保定府安肅縣民籍　縣學生

治書經字宗舜行二年三十四九月初六日生

曾祖仲禮百户　祖順知縣　父泰巡撿　母黃氏

具慶下　兄志唐弟志夏志商志周志道　娶張氏　繼娶趙氏

順天府鄉試第九十一名　會試第二百四十名

李寬

貫陝西臨洮府蘭縣軍籍　軍生

治書經字克寬行一年三十二閏十一月十二日生

曾祖文通　祖亨　父欽　母常氏

具慶下　娶丁氏　繼娶顧氏

陝西鄉試第二十三名　會試第二百十五名

丘璐

貫河南開封府蘭陽縣民籍　國子生

治書經字仲玉行二年三十一正月初六日生

曾祖仲和　祖士能 贈知縣　父陵 左布政使　前母王氏 贈淑人　母谷氏 封淑人

具慶下　兄琥　弟瑞　珙　娶毛氏

河南鄉試第六十七名　會試第一百七十六名

董綱 貫直隸寧國府涇縣軍籍 儒士

治易經字萬紀行七年三十二月二十八日生

曾祖執中 祖元亮 父志道 母蕭氏

具慶下 兄乾 震 萬 良 常 昇 儆 弟傑 倬 偘 佃 儛 娶倪氏

應天府鄉試第七十九名 會試第一百十六名

方全 貫直隸廬州府合肥縣人山西大同左衛官籍 國子生

治書經字用周行二年三十三九月二十九日生

曾祖天祥 祖進 父亮 前母關氏 母戚氏

具慶下 兄聚 振 能 憻 里 娶米氏

山西鄉試第四十名 會試第一百十一名

皇帝制曰。自古帝王
繼體守文。克弘先
業致盛治者多矣。
而史臣獨以成康
文景並稱何歟。其

致治本末。可指言

歟。朕光紹

祖宗丕圖。政令之行。

悉遵成憲。期臻至

治。比隆前古。媲風

夜祗勤。于茲八載。

而治效猶未彰著。

何歟。豈世有古今。

故效有深淺歟。今

天下田野闢矣。而

貢賦供於上者無
至匱乏。學校興矣。
而風俗成於下者
益至浮靡。兵屯以
制外者謹矣。未能

使夷狄畏却而不敢侵。刑法以肅內者嚴矣。未能使奸頑懲艾而不敢犯。凡若此者。其弊妄在。如謂政在用人。則方今百司庶府。文武具足。而科目之選。拔。軍功之序遷者。又濟濟其衆。

何官有餘而政不舉歟。無乃承平日久。習安逸而事日循者多歟。茍欲嚴以督之。則人情有

不堪。寬以待之。則治理有難處。何處而得其中歟。夫治必上下給足。風俗淳美。外夷服而中

國安。厎于雍熙泰
和之盛。斯朕志也。
何施何爲而可以
臻此。殆必有要道
焉。子大夫講習經

濟之學久矣。其參
酌古今明著于篇。
朕將采而用之。

成化八年三月十五日

臣吳寬

臣對臣聞古之君天下者莫不有治法亦莫不有治人蓋天下之事非法不能以自舉天下之法非人不能以自行故法所以舉其事而人所以行其法者也然人亦豈能自用哉又在人君之一心耳昔傅說之告高宗曰惟治亂在庶官官不及私昵惟其能爵罔及惡德惟其賢而必繼之以惟厥攸居此可見人君之圖治其心當先安於所止也心既安於所止故以是心而求天下之賢則無一人之不用以是人而付天下

之法則無一事之不舉而所謂足貢賦厚風俗
攘夷狄革奸頑之四者皆不足以勞吾心矣欽
惟
皇帝陛下撫盈成之運當鼎盛之年有聰明睿知之
資有孝友溫恭之德有寬仁博愛之度有神武
不殺之威
臨御以來八年于茲圖治之心惟日不足故不以
臣之不肖拔之草茅之中置之
廷陛之下惓惓焉下詢乎治天下之要道臣雖至
愚能不感激而思效其愚悃之一二乎蓋

陛下每三年一策士于
廷者非欲為虛文也盖將用其言也臣之幼而學
于家者非欲為空言也盖將用於世也臣常懷
用世之心適
陛下開用言之路是機也不可失也然而
陛下之策臣者其大要欲於治法治人加之意耳而
臣以為尤所當先治者心也心既治而後天下
之事可從而理臣故先以心之說為獻然後於
聖策之所及者次第而條陳之焉蓋聞孔子曰善人
為邦百年亦可以勝殘去殺矣又曰如有王者

必世而後仁言治化非一朝一夕所能成也臣
觀三代之時治之盛者莫盛於周而周之治亦
莫盛於成康之世葢有文武創業於前而成康
善於守成耳自周而下治之盛者莫盛於漢而
漢之治亦莫盛於文景之世葢有高祖創業於
前而文景善於守成耳之四君之所以善於守
成者豈有他術哉必其持守而施為者有本末
也周書之稱成王曰祗勤于德而訓迪厥官作
周恭先而自時中乂至于康王之敬忌天威張
皇六師皆其實也漢史之稱文帝曰身衣弋綈

而示朴為先除田租稅而厚於利民以至景帝
加以恭儉與民休息亦不失文帝之家法者也
成康文景之致治本末所可知者如此而其所
以並稱於後世者有不在此歟夫成康文景之
為君雖不可作而其治法猶有可得而行者苟
能行之所謂道洽政治澤潤生民移風易俗黎
民醇厚之效當復見於後世豈以世有古今而
效有淺深之殊哉仰惟

陛下傳二帝三王之道紹
一祖四宗之統政令之行悉遵成憲視成康文景之

治固優爲之矣而復以爲治效猶未彰著者此
陛下不自滿足之心也臣雖至愚敢不欽承而將順
之乎伏讀
聖策有曰今天下田野闢矣而貢賦供於上者每至
匱乏臣有以見
陛下欲修舉治法足食以充
國用莫若省浮費大學曰生財有大道生之者
衆食之者寡爲之者疾用之者舒則財恒足矣
今之世生之爲之者果得爲衆且疾乎食之用
之者果得爲寡且舒乎然借使衆且疾矣然民賦

有常數而國用無常數以有常數之貢賦而供
無常數之用度此田野雖闢而貢賦所以不得
不至匱乏也臣故曰省浮費者以此
聖策有曰學校興矣而風俗成於下者益盡浮靡臣
有以見
陛下欲修舉治法化民以厚風俗也夫欲化民以厚
風俗莫若求實行蓋古者以鄉三物教萬民而
賓興之一曰六德知仁聖義忠和二曰六行孝
友睦婣任恤三曰六藝禮樂射御書數其賓興
之制以德行居先文藝居後者欲使人重本而

輕末也今之取士惟較其文藝而不考其德行

士安得不惟末是趨乎況所謂文藝又非古之

所謂文藝者乎此學校雖興而風俗所以不得

不至浮靡也臣故曰求實行者以此有曰兵屯

以制外者謹矣未能使夷狄畏却而不敢侵

聖業及此臣又覩

陛下欲舉治法攘夷狄而非窮兵黷武之所為也夫

夷狄之性輕而寡信貪而無親王者以禽獸畜

之來則有備去則不追詩曰王命南仲城彼朔

方又曰薄伐玁狁至于太原是也是故求速效

者急於戰鬬而未必殲其類懷永圖者加以歲月而卒能收其功竊以為今日之計亦惟先於守而已其必練士卒積芻糧嚴斥堠謹烽燧而據要害之地以為持久之計可也然欲為持久之計必用持久之兵蓋古者兵出於農故戍其地則用其地之民今之邊兵安於水土習於金革猶夫地之民也誠用之以守庶免調發之擾而得制禦之道至於守之既固而彼猶為吾患也於是因時乘勢以議攻之之策則邊境既實兵威自壯以戰則克以攻則取而夷狄豈有不

畏却者哉有曰刑法以肅內者嚴矣未能使奸
頑懲艾而不敢犯
聖策及此臣又見
陛下欲舉治法革奸頑而非刻法深文之所為也盖
刑所以為小人而設小人而不加之以刑則縱
惡長亂無所不至是刑法誠不可不嚴也然聽
獄之際一或不盡其心則刑有不得其當者是
故刑得其當雖歲罪一人而天下有咸服之心
刑失其當雖日罪千人而人心無可服之理今
律之所載者輕重舒慘至精至備可謂無遺憾

矣但有一定之法無一定之情其情之所在則惟典獄者參錯訊鞫以求之耳昔鄭子産鑄刑書晉叔向譏之曰先王議事以制不為刑辟旨哉斯言實萬世典獄者之所當知也然參以人固足以得其情徇乎人亦不足以當其罪成王之告君陳曰殷民在辟予曰辟爾惟勿辟予曰宥爾惟勿宥惟厥中穆王之告諸侯曰爾尚敬逆天命奉我一人雖畏勿畏雖休勿休其知獄之不可徇乎人者也夫典獄者下既得乎人之情上不徇乎君之意則刑之所加皆得其當而

奸頑豈有不懲艾者哉以是而知浮費不省則貢賦不足實行不求則風俗不厚不用邊兵以守其地則夷狄未可以攘不任有司以求其情則奸頑未可以革此臣所以妄論四者之弊在於此也抑四者雖各為一事其實有相通之道焉何也貢賦不至匱乏則國用既足而兵屯可以仰給矣風俗不至浮靡則民心既正而刑法可以舍置矣刑法舍置則中國安矣中國安則夷狄無釁可乘不待攘之而自然畏卻矣有天下者之治法信無先於斯四者雖然法之立也

本無弊法之用也而有弊法不自用待人而後用人有正邪才有長短而法不能不爲之異焉此其過之不在於法而在於人也審矣然則今日治天下之要道無謂不在於用得其人乎然而

聖策又曰如謂政在用人則方今百司庶府文武具足而科目之選拔軍功之敘遷者又濟濟其衆何官有餘而政不舉歟無乃承平日久習安逸而事因循者多歟盍欲嚴以督之則人情有不堪寬以待之則治理有難成何處而得其中歟

夫治必上下給足風俗淳美外夷服而中國安
底于雍熙泰和之盛斯朕志也何道何為而人
臻此治必有要道焉
陛下之言至此圖治之心可謂益切矣臣愚以為要
道莫先於用人人才皆可用特在人君用之何
如耳用得其人官雖不足而政無不舉用非其
人官雖有餘而政不能舉非惟不能舉而且有
害於政焉如欲省浮費也使奉承者非其人則
一意
陛下之足國用而更為厚斂之計矣欲求實行也使

奉承者非其人則一意

陛下之厚風俗而更為詭行之舉矣主兵而非其人則兵無紀律而賞功罰罪惟其私意之輕重所謂用邊兵以守其地者未必得其力也典獄而非其人則獄多冤抑而刑故宥過惟其私意之出入所謂任有司以求其情者未必得其實也誠欲用得其人又在乎

陛下之一心焉蓋心安於所止則誠誠則明明則於天下之人自能知其何者為正何者為邪於焉用其正而黜其邪於一人之才自能知其何者

為長何者為短於焉取其長而棄其短不啻若辨白黑若數一二無一能逃於洞察之下者取其人於科目則皆俊乂之才取其人於軍功則皆智勇之士而凡列職於百司庶府者其文真足以經邦而文教無不修其武真足以戡亂而武功無不成蓋莫不奮迅踴躍以趨其事固無有樂因循而事安逸者矣若然亦何必嚴以督之哉即欲嚴以督之則為大舜之德威非若唐德宗之苛察也亦何必寬以待之哉即欲寬以待之則為成湯之克寬非若漢元帝之優游也

當此之時臣見

陛

下全大有爲之資居大有可爲之位操大有爲之具

乘大有爲之勢有所不欲施之而無不當有所

不爲爲之而無不成蓋縱横上下無不如吾意

之所欲者豈特足貢賦厚風俗攘夷狄革奸頑

之四者而已哉如是則真可以垂拱南面而臻

雍熙泰和之盛治矣然則欲事之舉也在乎法

有治法而天下無不舉之事欲法之行也在乎

人有治人而天下無不行之法欲人之用也在

乎心有治心而天下無一不用之人心之功用至

於如此臣請得為
陛下復一言之夫人之心特方寸耳所以稟於萬物
者在是所以參為三才者在是所以具衆理而
應萬事者在是人皆有是心而能治其心者寡
人皆治是心而能安於所止者尤寡始如是而
終不如是非安也表如是而裏不如是非安也
安之云者心與義理為一而未始相違者也夫
欲心與義理為一此豈可以襲取之哉要必無
時無處而不用其力也
陛下居禁密之地嘗試思之曰吾心得無少放乎得

無異於坐朝之時乎有放焉則求之是能治其
心也處細微之事亦嘗思之曰吾心得無少放
乎得無異於臨政之際乎有放焉則求之是能
治其心也無一時而不用其力久則無一時而
不安所止無一處而不用其力久則無一處而
不安所止由是以此心而事
天以此心而治民以此心而法
祖宗無乎不善者又豈特善於用人之一事而已哉
臣故懇懇焉以是説為獻者此探本之論也此
責難之義也此區區愛

君之忠也雖然世之持是說以告
陛下者亦多矣臣不能舍是而爲新奇可喜之論者
以治道之大原止乎此也惟
陛下不以其言之可厭而少加
睿覽天下之幸孰大於此臣干冒
天威無任戰慄殞越之至臣謹對

臣劉震

臣對臣聞人君欲致天下之治必在於用賢欲得天下之賢必在於修身蓋修身者用賢之本而用賢者致治之要不得其要則政令雖具不足以成治功不正其本則用舍雖切不足以得賢臣故有志於帝王之盛治不可不求其要有志於帝王之要道不可不探其本人君誠能以修身為本而得天下之賢以為用則用之以足國而國計日闢貢賦無不足之患用之以育才而學校日興風俗有不變之休用之以振兵旅

而四夷賓服用之以正刑罰而萬民遠罪由是
而致雍熙泰和之治以繼唐虞三代之盛不難
矣唐虞三代賢聖之君所以創業垂統而昭光
於後世者此也所以繼體守文而無愧於先烈
者亦此也豈有舍修身用賢而能成天下之治
者哉洪惟我
太祖高皇帝龍飛淮甸肇造區夏建官立政垂裕無
窮
列聖相承用賢致治深仁厚澤洋溢四海天下之擊
壤謳歌鼓舞

神化蓋百年矣
陛下以聰明睿智之資嗣
祖宗列聖之統一德格天群才効用勵精圖治夙夜
靡遑比者星象少警輒自咎責日引大臣面商
治體臣於是知
陛下真大有為之君真不世出之主可以繼唐虞而
超二代可以昭
前烈而裕後昆可以為天地立心為生民立命為
億萬年開太平無疆之休矣而猶不自滿假復
進臣等于

廷降賜
清問首之以成康文景繼體守文之治而慮今日
之未及繼之以田賦學校兵屯刑法之事而疑
任官之罔効終之以必有要道之一言是欲求
其要探其本以成雍熙泰和之治臣又知
陛下是心即堯舜詢于芻蕘稽于有衆之盛心也臣
雖至愚敢不拜手稽首以對揚
聖天子之休命乎竊惟天生斯民不能以自治故必
作之君君主斯民不能以獨治故必資之臣使
君天下而不得賢臣則無以為輔治之具欲用

賢而不修身又何以爲取人之則乎故自古帝
王如堯舜禹湯文武開唐虞三代之宏規爲萬
世君人之大法未始不由修身用賢以致然也
若夫繼體守文之君如啓能敬承禹道尚賢伯
益之輔相太甲祗承烈祖允賴阿衡之匡救其
克弘先業以臻盛治者孰謂不本於脩身不急
於用賢也哉然啓之業旋廢於太康而不能善
其後太甲之賢不類於成湯而不能善其始其
政化之洽皆未若成康之久也蓋成王紹文武
之烈而康王踵成王之休成王則祗勤于德夙

夜不逮康王則敬忌天威毋敢昏逾其脩身之謹同一律也三公三孤論道而弘化六卿九牧分職而成和其得人之盛同一轍也是以教養備具而庶民允康兵刑不用而六服承德史臣獨稱成康信有徵矣厥後炎漢肇興文景繼世務以德化與民休息如露臺惜費金錢愧心文帝之恭儉尚德類若此而景帝亦能恭儉而不改焉前席求言封辭思將文帝之用人圖治類若此而景帝亦能用人而不渝焉是以數十年間海內富庶黎民醇厚幾致刑措史臣誦其治

比成康蓋有由矣然成康脩德任賢如彼其至
而文帝則黃老之是尚禮樂之未遑辟外戚之
嫌而不相廣國聽武夫之間而不任賈誼其視
成康之脩德任賢已有間矣至如景帝以刻薄
之資任術數之智寵梁王廢太子而家庭之恩
厚薄不倫戮晁錯殺亞夫而君臣之道乖缺已
甚其視文帝之寬厚謙謹已不侔矣又豈可與
成康槩論哉欽惟
陛下撫盈成之運盡繼述之誠政令之行悉遵成憲
良以

祖宗列聖之成憲即堯舜禹湯文武之所已行成康
之所嗣守與文景之所僅得其善者也率而行
之宜乎教養有方安攘有道而至治之美與前
古而並隆矣然猶自謂治效未甚彰著而疑時
有古今之異故效有淺深之殊是又成湯檢身
若不及文王望道如未見之意也臣愚以為今
之天下即古之天下時有古今心無古今
陛下誠能存二帝三王之心由
祖宗列聖之道簡拔真才信任不疑受直言以廣耳
目去讒邪以定心志則治效之著將超軼乎成

廉而文景不足言矣奚古今深淺之足慮哉夫欲致天下之治比隆前古其大端有四田賦也學校也兵屯也刑法也四者不備而欲為治是猶舍楫而渡江河釋耒而理菑畬斷斷乎其不能矣是宜

聖問之及此也盖田賦者所以養民而足國上下給足斯可以言治此先王之所以重田賦也三代之田有貢有助有徹其養民足國之法猶可考焉我

國家因時制宜度田定賦田因民之所有而荒蕪

者任其墾闢賦量田之所入而官屯者許其佃
耕田不得以侵漁賦不得以增減徵輸責之府
縣漕運委之衛所田賦之制不為不詳矣而
陛下即位之初親耕籍田以為農先屢敕有司以恤
農事故雖深山窮谷之中無尺土寸地之曠田
野可謂闢矣然貢賦之供於上者或未免於匱
乏何也臣愚以為此無他天下之財賦有限而
妄費者多冗食者衆故也夫生財之道必食者
寡而用者舒柰何一人耕之十人聚而食之百
日作之一日糜而費之如之何其不匱乏也為

今之計若能停不急之務杜無功之賞禁淫巧之作省緇黃之費汰冗濫之員罷游惰之卒必量入以為出不侈用以傷財則天下惟正之供未有不足於用也然

陛下以此數者明諭有司數矣而卒未效者豈非奉行者未得其人邪　臣願

陛下擇人以牧民必如龔黃之為郡卓魯之為縣使民皆家給人足而又擇人以掌國計俾用於官者有常度食於官者有常員則何患乎財用之匱乏哉學校者所以教民而正俗風俗淳美斯

可以言治此先王之所以重學校也三代之學
曰庠曰序曰校曰學其教民善俗之意猶可槩
見焉哉
國家稽古定制建學立師內有國子監以成天下
之英才外有府州縣學以育一方之俊彥豐廩
餼以養其體蠲傜役以厚其家以訓誨責之師
儒以提督委之風憲學校之制不為不備矣而
陛下即位之初親幸大學釋奠先師屢敕風憲敦厲
士習故詩書絃誦之聲無壤地遐僻之間學校
可謂興矣然風俗之成於下者乃益至於浮靡

何也臣愚以為此無他天下之性習不同而務外者多重内者少故也夫士志於道内重則外輕矣何徒藉詩書為進取之媒反視道義為功利之賊如之何其不淳靡也為今之計若能嚴勸懲之方明黜陟之典厲廉恥之節塞奔競之途公科貢之選杜羈馬之輸使其務禮義以相先靡功利之是尚則天下習俗之成鮮有不趨於正也然

陛下以此數者風厲學校久矣而尚未効者豈非教督者未得其人邪臣願

陛下擇人以典教必如胡瑗之教蘇湖程顥之判武
學使士皆成德達材而又擇人以司人物俾浮
薄之徒不得以倖進敦實之士每至於顯庸則
何患乎風俗之浮靡哉若夫兵所以威天下者
也兵之不設則叛亂何所畏乎此先王所以不
得不制兵也我
國家定制在京則宿衛之士更番以至而聽捴戎
之訓練在邊則關塞之卒結壘以守而受邊將
之調度剽掠者必追無縱俘獲者必殺無赦其
所以防外不爲不謹矣然夷狄未盡於畏卻非

為將之罪歟竊觀今之將臣或出於膏粱紈綺
而手不習兵或得於趨走奉承而目不知書或
冒功而進不足以服士心或臨事而避不足以
振士氣坐擁貔貅虛費糧糗甚至出入鋒鏑者
或薄其賞而安居豢養者每竊其功是以兵雖
多而威不振也昔舜之征有苗必以命伯禹宣
王之伐玁狁必以命尹吉甫良有以哉臣願
陛下慎選智仁信勇之士以統兵旅縱未能得如禹
如吉甫之徒亦必得人如漢之趙充國唐之郭
子儀而先零坐困回紇羅拜矣夷狄烏有不畏

卹乎刑所以禁天下者也刑之不用則奸究何
所懲乎此先王所以不得不制刑也我
國家定制在內則有三法司以讞天下之獄而重
者必以奏
聞在外則有按察司以提一方之刑而枉者聽其
申理故犯者律有明條故縱者國有顯罰其所
以肅內不為不嚴矣然奸頑未盡於懲艾非司
刑者之過歟竊觀今之法吏或狃於公案而不
察乎情或蔽於私賄而不守乎法或阿徇曲從
以為容而不顧清議或深文容比以為能而不

恤幽枉坐加鍛鍊肆為出入甚至元惡懷奸者或以幸免而輕罪涉疑者反不獲宥是以刑愈繁而人愈犯也昔虞廷以明刑命皋陶周公以敬獄戒蘇公良有由哉臣願

陛下遴選仁恕明決之士以司刑獄縱未能得如皋陶如蘇公之輩亦必得人如漢之于定國唐之徐有功而守法持平民以不冤矣奸頑烏有不懲艾乎凡是數者皆在得人有其人斯有其政矣今自

兩都以至郡縣百司庶府文武具足科目之選拔

者三年而一舉軍功之序遷者一級而必錄故
濟濟之衆官有餘員然政之不舉猶勞
聖慮臣嘗攷之書曰唐虞稽古建官惟百庶政惟和
夏商官倍亦克用乂今視夏商不啻數倍而用
乂之效未始加隆跡其弊由豈非承平日久人
情舒緩飽暖於鳳儀獸舞之下者徙習安逸而
事因循有如
陛下之明諭乎茲欲嚴以督之則嫌於峻刻而人情
有難堪將寬以待之則流於姑息而治理有難
成酌古今之宜以求寬猛之中而為今日措置

之善惟在
聖心一轉移之間有餘裕矣而乃下詢愚臣顧臣淺
陋曷足以上揆
淵衷而敢妄言乎雖然上有求言之
君而臣有所欲言而不言者是負
陛下也臣竊以為
陛下一身實四方萬姓之表率百司群寮之權度也
脩身之道苟有未備則用舍舉錯之間將不勝
其眩瞀矣蓋正邪忠佞雜進于前非至明不能
察也遠近踈戚紛列其中非至公不能辨也至

公至明不自

陛下脩身中衆邪故臣頓、

陛下脩身以正天下之本必明足以周萬物而公足以溥四海則其取人也不啻如權之稱物而輕重不失於錙銖不啻如度之度物而長短不失於尺寸於是而舉夫忠良端實有爲有守者而器使之則所謂任官惟賢位事惟能者有矣於是而辨夫姦邪讒佞寡廉鮮恥者而罪斥之則所謂官不及私昵爵罔及惡德者有矣用舍之間寬嚴以具何也任賢勿貳疑若寬而寛足以

為天下勸去邪勿疑似乎嚴而嚴足以為天下
懲寬嚴焉有不得其中百官焉有不得其人俊
乂在官庶政惟和而雍熙泰和之治焉有不隆
於今日也哉

陛下策臣以致治之道臣既以用賢為要修身為本
陳之於前矣然又竊謂
陛下之修身亦有本焉有要焉修身之本在乎正心
而其要不外乎居敬窮理蓋心者身之主四體
之所稟令萬事之所由出者也心一放焉則昏
昧雜擾而不能檢其身故居敬者所以收歛此

心之放也心不盡焉則偏狹固滯而不知檢其身故窮理者所以極盡此心之全也收斂此心於端莊靜一之中以為窮理之基窮究此理於學問思辨之際以致盡心之功巨細相涵動靜交養然後心之所在純乎義理之正而一毫之私不得以雜其至公至明之天由是而見諸四體者無不中乎節由是而施諸萬事者無不得其宜修身之道端在於此伏望

陛下萬幾之暇數引儒臣講明

聖學察天地萬物之理求古今治亂之跡而兢兢業

業夙夜祗勤如
制策之所云諭者終始無間則清明在躬志氣如
神而心無不正身無不脩矣何患乎賢才之不
爲用哉又何患乎上下之不給足風俗之不淳
美四夷之不賓服中國之不以安也哉臣草茅
微質學不足以博古智不足以通今惟罔
聖問所及謹竭愚陋以獻千冒
天威不勝戰懼之至伏惟
陛下少垂采納焉臣謹對

臣李仁傑

臣對臣聞之易曰天道下濟而光明地道卑而上行人君則天之經雖萬乘之尊求言於下不爲屈人臣法地之義雖匹夫之賤陳言於上不爲僭然上之求言所以資乎治也下之陳言可不切於治乎夫治莫切於田賦學校與兵刑之政四者兼舉則治道之大端以備故有虞氏之君天下即命棄爲田正之官契任司徒之職伯禹征有苗皐陶爲士師其意蓋在是已恭惟

陛下稟聰明睿智之資備聖神文武之德茂膺

駿命嗣大歷服臨御以來勵精圖治孜孜乎繼體
守成之道其於治道之大已無不盡而見諸治
效者亦已隆矣而猶不自滿足乃進臣等于
廷降賜
清問首舉成康文景之治次及教養兵刑之政而
欲求其要道此固
陛下則天之經求言資治之意也顧臣庸愚雖不足
以奉
大對然法地之義陳言輔治亦臣區區素分之所
當然敢不俯竭愚衷以少裨於萬一乎臣惟上

天以天下而付於一人人君治天下而運以一
心心者萬化之原致治之本古昔帝王之所以
致盛治弘先烈孰不本於此乎大學以正心爲
家國天下之本董子以正心爲朝廷四方之則
正以是耳自今言之舜承堯執中之傳而躋斯
世於雍熙禹紹舜傳心之統而措天下於康乂
周卓乎其不可及矣若啓能敬承大禹之道太
甲嗣守成湯之業太戊之敬天勤民高宗之嘉
靖殷邦以至盤庚之紹復大業底綏四方是皆
本諸心以弘先烈者也而史臣獨以成康文景

並稱何歟蓋成康當殷民甫定之初而能致也
民阜厚天下化成四方無虞刑措不用其治可
謂盛矣推其本則一以圖政毖殷爲心也文景
承高帝開基之後而能致海内富庶黎民醇厚
匈奴遠塞幾致刑措其治亦足稱矣推其原則
一以恭儉愛民爲心也由是觀之則其致治之
本末固可見矣然成康之治純乎純者也文景
之治雜而未純者也以文景而視成康猶珷玞
之於美玉雖不可以槩論而一時治安之效有
足尚者此其所以並稱歟洪惟我

朝

一祖

四宗聖聖相承以武功定天下以文德致太平均田

給民所以足民食也建學立師所以復民性也

制外有兵屯之廣所以衛民生也肅內有律令

之詳所以防民僞也百年以來上下足而風俗

美外夷服而中國安其治效之隆蓋將超三代

而並唐虞矣撥厥所元詎非本於

聖心一念中來乎

陛下紹

列聖之休膺民社之重一政之施惟
成憲是遵一令之布惟
舊章是由夙夜祗勤丕圖治理將來治效之盛可
與堯舜比隆而區區成康文景之四君風斯下
矣未可以世有古今效有深淺致疑於其間也
惟
陛下既有志於帝王之治則當求乎帝王之心得其
心則治固在是矣夫所謂治不外乎貢賦足風
俗美外夷服中國安之四者而已是故田野不
闢貢賦無所出學校不興風俗無由美是田野

者貢賦之原學校者風俗之本也方今幅員之
内阡陌相連而籍田有勸率之規郡邑之間學
制寖備而辟雍有
臨幸之舉其所以辟田野興學校之意亦云至矣
兵也不謹無以制乎外刑法不嚴無以肅乎内
是兵也者制外之要刑法者肅内之具也方今
選將練兵以威遠夷而防禦邊患之有術制刑
立法以教祗德而防範人心之有具其所以制
夷伏肅奸頑之道亦云備矣宜乎治無不成效
無不彰也然而上下未免於匱乏之者財賦之出

有限而用無窮也風俗益至於浮靡者學校之教有名而實不足也外而夷狄未能使之畏卻而不敢侵非興兵者委靡之過歟內而奸頑未能使之懲艾而不敢犯非司刑者姑息之過歟雖曰官不缺人人才日盛然承平歲久逸欲易生而因循之餘怠緩必至豈能免四者之弊哉

陛下誠欲恢弘治理比隆前古惟正心以正

朝廷正朝廷以正百官循名以責實因事以攷成輕則加之賞罰于以作其勤而起其怠重則嚴以黜陟于以懲其過而旌其能去因循之弊行

維新之政使闢田野者皆如有虞之任土作貢因田制賦則萬邦有惟正之供矣何匱乏之足慮職學校者皆如有虞之敬以敷教寬以待民則百姓有親睦之美矣何浮靡之足恤書曰咸則三壤成賦中邦又曰弘敷五典乃罔不正此之謂也使任邊務者皆如有虞之柔能遠邇誕敷文德則蠻夷自爾其率服矣何侵凌而不畏卹司刑法者皆如有虞之明刑弼教期于予治則四方自爾其風動矣何干犯而不懲書曰明王慎德四夷咸賓又曰刑期無刑民協于中

此之謂也夫惟正之供貢賦足矣百姓親睦風俗成矣蠻夷率服遠人化矣四方風動中國安矣唐虞三代之治端不外此尚何復有所施爲而後能躋斯世於雍熙泰和之域也哉是知爲治固在於用人取人則在於君身其所以脩身用人之本又在於一心傳曰爲政在人取人以身脩身以道脩道以仁仁即心之謂也

陛下心乎用人則選擇有道而在位無非賢心乎圖治則設施合宜而其效無弗著人不待於督責而職自舉政不待於更張而治自成雍熙泰和

之盛由此而可躋矣苟不此之務徒欲嚴以督
之則法愈嚴而害愈甚寬以待之則恩愈寬而
弊愈滋雖欲言治皆苟而已臣學不足以考古
識不足以通今姑摭所聞而畧陳之如此然臣
子惓惓愛
君之心尤有不能已者故於篇終復有陳焉竊惟天
道不已聖人法天道而行亦貴乎不已何也夫
爲數起於一二其不已也雖萬物之多可以計
焉爲度起於分寸其不已也雖八表之廣可以
揆焉今

陛下則天之經以求言固足以致盛治弘功業使此
心或已則其治亦止於是矣臣願
陛下體至誠無息之心運純亦不已之妙執此之政
堅如金石行此之令信如四時上下雖足而猶
若未足風俗雖美而猶若未美外夷雖服而猶
若未服中國雖安而猶若未安必求如古昔帝
王雍熙泰和之盛而後已夫如是則
陛下之心即
祖宗列聖之心即堯舜湯武之心其妙用精微可以
紹述前聞而無間

陛下之治即
祖宗列聖之治即堯舜湯武之治其成功烜赫可以
追配往哲而無愧矣況天下之治不進則退必
常加奮厲不已之功乃有日進無疆之效
陛下春秋鼎盛志氣如神其可不知所以自勵哉若
曰吾治已足少自滿假則非聖人法天圖治之
誠矣孔子曰臣事君以忠孟子曰君子之事君
也務引其君以當道志於仁而已臣學孔孟者
也謹以心之一言為
陛下獻若夫騁誇詞以希

寵張浮言而無用固非愚臣之志亦非
陛下策士求言之盛心也干瀆
天威不勝惴慄伏願
垂仁採納則愚臣幸甚天下幸甚臣謹對

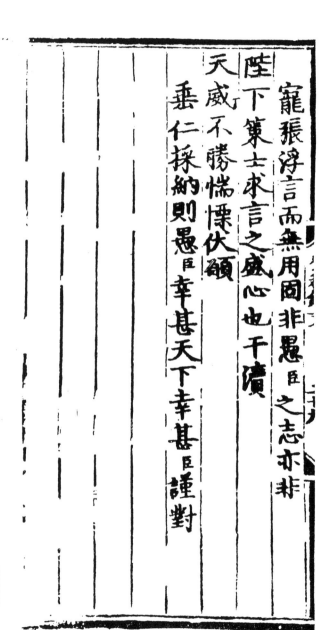

山東鄉試錄序

聖天子御極之明年為弘治己酉

例當大比巡按山東監察御

史張晃祇奉

德意藹然以賓興賢能為己任

諮謀藩臬重臣舉行如

制禮聘樞暨教諭洪忠主司文

衡學正廖纁教諭張景元訓
導蝢質晏璽袁信羅珍黃芳
為同考精選百執事供職惟
謹時巡撫右僉都御史錢鉞
惇尚文教丕振士風監察御
史陳景隆適以事至又協德
而贊襄之內而提調則左布

政使王道右參政張岫監試
則按察使侯恂副使謝綱外
而綜理防範則右布政使吳
琨左參政何鑑沈純韓文副
使閻仲宇趙鶴齡朱瓚左參
議尚絅右參議金鍾僉事廖
中沈璐晋暉宋禮靡不矢心

殫力為
朝廷得人用圖報稱迺合提學
僉事潘禎所選六郡遼陽之
士千二百有奇凡三試之比
撤棘拔其文之純正者七十
五人將錄其名梓其文以
獻僉謂樞宜序諸篇端竊惟古

昔取士考文覈實故傳亦有誦詩讀書論世之說今開科取士率由於文豈憯於覈實之義邪蓋文主於理而發於氣所謂氣者至大至剛人能養成此氣蘊於無形必考其文然後知之故曰有德者必

有言是也由是觀其文之渾
雄瑰偉者知其氣之正鏗鍧
焜燿者知其氣之剛俊逸典
雅者知其氣之清之純也凡
文有合於此而理一貫之者
方入選彀否則雖駢四儷六
咀華嚼英者必黜焉是則我

朝雖取人於文而覈實之意未
嘗不寓乎其間故士以文進
而登名是錄者不可謂不榮
樞等以文取士而信乎諸士
子之實有是氣者不可謂不
至矣夫望之重者責之深諸
子嚮用有日益當擴充此氣

塞於天地之間則所以植立
天常扶持人紀以彝成
重熙累洽之盛治者實賴是氣
成之使功業由於道義炳炳
烺烺斯謂無忝樞等濫竽主
司亦與有光苟徒借此以媒
進身既得之則視其氣如弁

髦士梗而遂廢存養之功凡可以求富貴利達者無不為於其所當為者或置而不為或為而不力則今日之文乃欺世盜名而得罪於科目大矣使人議曰斯蓋其科所取之人也是徒取人以文也非

氣充體者也樞等寧無厚顏

嗚呼知人其難哉諸士子勗

之

浙江紹興府儒學教授凌樞

謹序

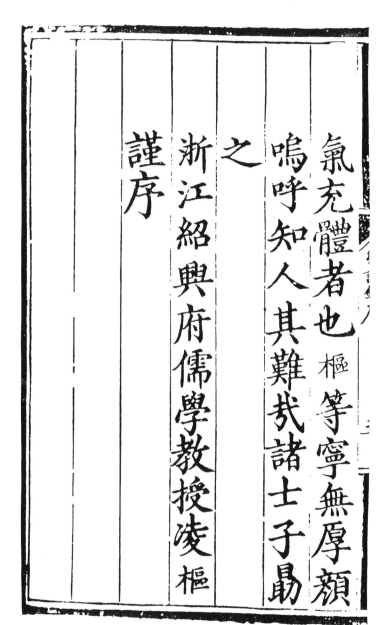

弘治二年山東鄉試

監臨官

巡按山東監察御史張晃 服周直隸長垣縣人 戊戌進士

提調官

山東等處承宣布政使司左布政使王道 世用直隸蠡縣人 丁丑進士

山東等處承宣布政使司右參政張岫 九雲山西安邑縣人 丙戌進士

監試官

山東等處提刑按察司按察使侯恂 誠之陝西白水縣人 丙戌進士

山東等處提刑按察司副使謝綱 振倫湖廣巴陵縣人 己丑進士

考試官

浙江紹興府儒學教授凌樞 拱辰直隸武進縣人丙子貢士

直隸揚州府江都縣儒學教諭洪忠 貴忠福建莆田縣人壬午貢士

同考試官

河南開封府鄭州儒學學正廖纁 公錦湖廣崇陽縣人癸卯貢士

直隸蘇州府常熟縣儒學教諭張景元 弘仁浙江天台縣人庚子貢士

直隸常州府無錫縣儒學訓導頻質 文素江西豐城縣人庚子貢士

江西廣信府弋陽縣儒學訓導晏璽 廷信湖廣巴陵縣人庚子貢士

山西澤州高平縣儒學訓導蔡信 子忠陝西洵陽縣人丁酉貢士

河南開封府鈞州新鄭縣儒學訓導羅珍　孟儒直隸博野縣人　癸卯貢士

浙江紹興府新昌縣儒學訓導黃芳　士英福建莆田縣人　甲午貢士

印卷官

山東等處承宣布政使司經歷司都事王端　守初直隸雄縣人　監生

山東等處提刑按察司經歷司經歷劉林　文蔚順天府大興縣人　監生

收掌試卷官

濟南府同知溫應　至漂山西介休縣人　戊子貢士

東昌府同知陳常　大倫四川長壽縣人　戊戌進士

受卷官

兗州府東平州壽張縣知縣張玉林 邦輝四川内江縣人 乙未進士

濟南府肥城縣知縣朱希古 宗哲直隸常熟縣人 甲辰進士

濟南府章丘縣知縣陸里 希遠直隸宜興縣人 甲辰進士

彌封官

青州府推官邊憲 汝成直隸任丘縣人 甲辰進士

兗州府曹州曹縣知縣王爾 伯雝直隸滑縣人 甲辰進士

濟南府武定州樂陵縣知縣王鼎 器之福建福州中衛人 辛丑進士

謄録官

濟南府武定州知州賈澄 廉夫湖廣辰州衛人 丁未進士

萊州府膠州即墨縣知縣張聞 惟德陝西鄜州人甲戌進士

濟南府長清縣知縣楚荆瑞 國信河南舞陽縣人甲辰進士

對讀官

濟南府泰安州知州胡瑄 廷器浙江德清縣人辛丑進士

東昌府高唐州恩縣知縣李希哲 原明河南鄭州人甲辰進士

青州府莒州沂水縣知縣戴初 復之直隸建平縣人丁未進士

巡綽搜撿官

濟南衛指揮使劉份 象賢直隸曲周縣人

濟寧衛指揮同知文俊 廷賛四川富順縣人

臨清衛指揮僉事劉英　邦彥河南密縣人

平山衛指揮僉事蔣貴　廷臣山東武定州人

濟南衛後所正千戶王恒　志經直隸丹徒縣人

濟南衛右所副千戶張鑾　廷振山東長清縣人

供給官

濟南府通判張祐　天錫順天府大興縣人辛卯貢士

東昌府知事張傑　宗漢陝西臨潼縣人監生

濟南府歷城縣知縣盛敬　文郁河南襄城縣人戊子貢士

濟南府濟陽縣縣丞王藩　維翰河南彰德衛人監生

濟南府德州德平縣主簿張惟通 孝亭陝西富平縣人監生

兗州府曲阜縣典史管舉 時用河南蘭陽縣人吏員

東昌府高唐州魚丘驛驛丞黎伯祿 德敷湖廣孝感縣人承差

兗州府東平州東原驛驛丞程昇 文明湖廣孝感縣人承差

兗州府東平州汶上縣新橋驛驛丞李憲 正綱湖廣祁陽縣人承差

兗州府濟寧州魯橋驛驛丞王鼎 大器陝西乾州人承差

濟南府禹城縣劉普驛驛丞謝順 從健江西新建縣人承差

濟南府歷城縣龍山驛驛丞李時雍 宗堯山西大同縣人承差

濟南府肥城縣五道嶺驛驛丞郝璒 廷岱北直真定縣人知印

第壹場

四書

君子正其衣冠尊其瞻視儼然人望而畏之

知所以脩身則知所以治人知所以治人則知所以治天下國家矣

聞君行聖人之政是亦聖人也

易

雲行雨施品物流形

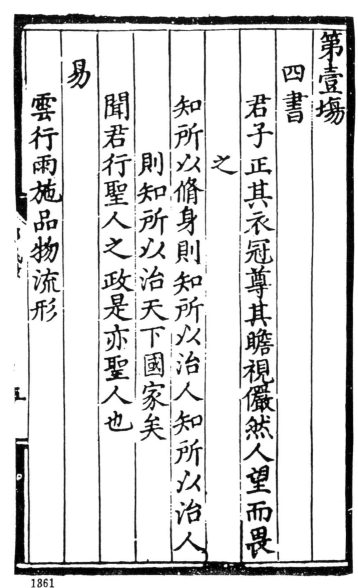

彖曰家人女正位乎內男正位乎外男女
正天地之大義也家人有嚴君焉父
母之謂也父父子子兄兄弟弟夫夫
婦婦而家道正正家而天下定矣
卦之德方以知
黃帝堯舜氏作通其變使民不倦神而化
之使民宜之易窮則變變則通通則
久是以自天祐之吉无不利黃帝堯
舜垂衣裳而天下治蓋取諸乾坤

書

好生之德洽于民心

汝丕遠惟商耇成人宅心知訓

我亦不敢寧于上帝命弗永遠念天威越

我民罔尤違

用奉若于先王對揚文武之光命追配于

前人

詩

琴瑟在御莫不靜好

吉日維戊既伯既禱田車既好四牡孔阜
升彼大阜從其群醜吉日庚午既差
我馬獸之所同麀鹿麌麌漆沮之從
天子之所瞻彼中原其祁孔有儦儦
俟俟或群或友悉率左右以燕天子
既張我弓既挾我矢發彼小豝殪此
大兕以御賓客且以酌醴
柔亦不茹剛亦不吐
於皇時周陟其高山隋山喬嶽允猶翕河

敷天之下裒時之對時周之命

春秋

宋人齊人衛人伐鄭莊公十六年宋公衛侯許男滕子伐鄭僖公二十二年晉人秦人圍鄭僖公三十年秦人入滑僖公三十三年楚人侵鄭宣公三年叔孫豹會晉趙武楚公子圍齊國弱宋向戌衛齊惡陳公子招蔡公孫歸生鄭罕虎許人曹人于虢昭公元年

齊人陳人曹人伐宋莊公十四年宋人齊人邾

人伐郳 莊公十五年 宋人齊人衞人伐鄭

莊公十六年 公會齊侯宋公陳侯衞侯鄭

伯許男曹伯侵蔡蔡潰遂伐楚 僖公四年

晉侯及秦伯戰于韓 僖公十五年

齊人救邢 閔公元年 盟于召陵 僖公四年 諸侯盟

于首止 僖公五年 公會宰周公齊侯宋子

衞侯鄭伯許男曹伯于葵丘 僖公九年 宋

師及齊師戰于甗齊師敗績 僖公十八年

楚子蔡侯次于厥貉 文公十年

禮記

自恒山至於南河千里而近自南河至於
江千里而近自江至於衡山千里而
遙自東河至於東海千里而遙自東
河至於西河千里而近自西河至於
流沙千里而遙
故聖人作則必以天地為本
故歌者上如抗下如隊曲如折止如槀木
倨中矩句中鉤纍纍乎端如貫珠故

歌之爲言也長言之也說之故言之
言之不足故長言之長言之不足故
嗟嘆之嗟嘆之不足故不知手之舞
之足之蹈之也
奉斯三者以勞天下

第貳場

論

聖人受命而興

詔誥表內科一道

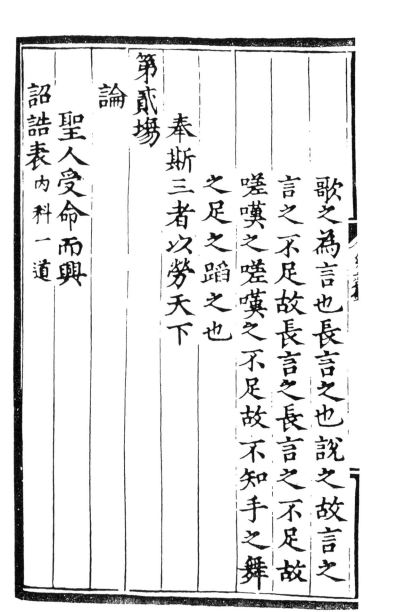

擬漢舉賢良方正直言極諫之士詔

擬唐以裴度為司空同平章事誥

擬宋以司馬光為翰林學士謝表

判語五條

照刷文卷

收養孤老

禁止迎送

優恤軍屬

辯明寃枉

第叁場

策五道

問有一代之興必有一代之史唐虞三代之時有紀言紀事之職後世之實錄則兩無之漢有實錄之號唐有實錄之書至於趙宋各有實錄其優劣得失可歷陳其梗槩與我

朝

一祖

四宗神功聖德昭乎日月之照臨蕩乎天地之
覆載輝映史牒光前振後誠陋漢唐
宋諸君於下風矣茲者欽奉
綸音纂脩
憲廟實錄玉堂鉅儒鑾坡宿學必能鋪張不世
之
洪休揚厲無前之
偉績直與唐虞三代典謨訓誥誓命之文同
垂於不朽矣諸生荷蒙

先帝教養衣被
仁風沾洓化雨亦既有年設或置身館閣便
當秉筆稱揚豈可徒賡擊壤之歌而
曰不知
帝力之何有也
問聖人之道見於經猶化工之妙著於物
讀聖人之經可以知聖人之道奥窔
何後世之士讀其書猶有不自知分
量擬之續之補之者請得而論之周

易之學孔子猶欲假數年也擬易太玄者其道過於孔子乎春秋之脩游夏不能賛一辭也作晉春秋者其文過於游夏乎盛周之詩非衰世之聲氣也彼補之者何孝帝王之書非兩漢之事業也彼續之者何見聖儀禮經傳通解律呂新書采合於古之禮樂乎諸士子游心六藝其於經也稽諸典籍講諸師友必知之精矣要必

推聖賢述作之指歸正諸儒擾僭之謬妄又求其六經相貫通與四書相表裏者悉著於篇以顯其用心於經學者

問人傑本乎地靈地勝國爭人助賢才之生信非偶然也山東古青兗二州之地聖賢盛產之邦自孔孟倡道學之傳諸弟子有如雲之集戴諸論孟家傳人誦不待講求而後可知矣姑舉

春秋以來耆爲問請試言之有相君
顯名有爲相知體有能稱上意有任
公竭節有夷人愧服此皆名相也有
顯名諸侯有顯名天下有興復漢室
有遠邇悅服有望風降附此皆名將
也或却千金或受一錢或懸饋魚或
清操愈厲或廉而能施其人之操守
何潔也或諫辭切直或直諫首稱或
攀折殿檻或力諫廢后或極諫天書

其人之責難何烈也他如口授尚書承詔作傳賦鸚鵡賦三都賦登樓九歲能文因窮苦學此又文藝之表著者諸士子生長於斯景仰先正久矣今日脩於身家豈無效法之人他日錄於有位豈無期待之志毋徒諉曰古今人不相及也

問廉介之節恬退之風乃有國者所當尚而士君子所當重也夷考諸古有有

官鼎鼐無地樓臺者有田園貧相惟富詩書者有歸自南海不載一物者有出判端城不持一硯者其人亦可謂廉介矣可得而指陳歟他如不事生產與不事奉養者果孰是歟有年方强仕請解機務者有年未知命表求掛冠者有父任執政不就廷試者有禮部第一不肯自陳者其人亦可謂恬退矣可得而歷數歟他若請歸

西洛與投老鍾山者果孰得歟方今
士之廉介者雖有
崇褒之典而貪墨者猶存士之恬退者雖有
奬勸之令而奔競者未息伊欲人皆守廉介
尚恬退而追配於古人如之何則可
諸士子强學待問講之熟矣請細繹
以對
問正道之有異端猶嘉禾之有稂莠雅樂
之有淫哇誠不可不去也試舉梁唐

以來人主之崇奉儒先之論辯者與諸士子言之有三度捨身多造塔廟者固爲無識而詔命有司沙汰僧道者果何君歟有環坐聽講修建道觀者固爲不踶而悉令天下廢佛道教者果何帝歟有著原道以排之者何以不能知息距之本其視欲除其弊先從其徒之論果孰是而孰非歟舍是抑別有其論歟有作本論以闢之

者何以不能收廓清之功其視欲非其非必反其是之言果孰得兩孰失歟外此抑別有其說歟方今正道雖已興隆而異端猶未悉去浮圖道院遍滿於名山勝地之間黃冠緇流充斥於通都大市之上浪費金碧靡耗財用極矣而其徒方且肆爲邪說以蠱惑我人心以戕賊我正道此有識之士所以深爲之憂也恭遇

皇上聰明英武嗣大歷服之初政令一新逦因
廷臣建議欲毀淫祠欲汰僧道荷蒙
俞允即賜頒行夫何天下寺觀殿宇之巍峩
不易僧道之雜沓自如豈異端終難
以去歟抑所司不能奉行之過歟伊
欲人其人廬其居火其書使異端之
害風驅電掃而揭正道之日月於中
天不識果何道以致之歟諸士子幸
為言之以觀抑邪扶正之學

中式舉人七十五名

第一名臧鳳　曲阜縣學生　詩

第二名張鳴鳳　清平縣學生　書

第三名李宗舜　濟南府學生　易

第四名王懋　博平縣學生　禮記

第五名張俊　臨清州學生　春秋

第六名姜周輔　膠州學生　詩

第七名程福　遼東都司學生　書

第八名　蔣瓚　高唐州學生　易

第九名　王雲　諸城縣學生　禮記

第十名　王淵　齊東縣學生　春秋

第十一名　王憲　東平州學生　詩

第十二名　王崇文　曹縣學生　書

第十三名　劉瑜　文登縣學增廣生　易

第十四名　陳言　莒州學增廣生　書

第十五名　陳明　壽張縣學生　春秋

第十六名　趙繼　東阿縣學增廣生　詩

第十七名 李驥 蒙陰縣學生 易

第十八名 李嵩 濱州學生 書

第十九名 孫祿 棲霞縣學生 詩

第二十名 陳謨 濟南府學生 易

第二十一名 施鎮 遼東廣寧後屯衛學生 詩

第二十二名 林方 膠州學生 禮記

第二十三名 李淇 商河縣學生 詩

第二十四名 顧評 德州學生 書

第二十五名 王相 膠州學生 易

第二十六名 張漢 平陰縣學生 書

第二十七名 姚宗 遼東廣寧中屯衛軍生 詩

第二十八名 呼盛 濟陽縣學生 易

第二十九名 齊濟周 濱州學生 春秋

第三十名 王寵 平度州學生 詩

第三十一名 司文舉 平陰縣學生 書

第三十二名 孫學 鄆城縣學生 易

第三十三名 馬馴 寧陽縣學生 詩

第三十四名 李端 益都縣學生 書

第三十五名 唐素 東平州學生 詩

第三十六名 劉謙 濱州學生 易

第三十七名 喬通 臨清州學生 詩

第三十八名 趙繼宗 曲阜縣學生 書

第三十九名 劉珂 魚臺縣學生 詩

第四十名 張和 平度州學生 書

第四十一名 晁讓 東阿縣學生 詩

第四十二名 黃流 濟陽縣學生 禮記

第四十三名 楊克信 茌平縣學生 詩

第四十四名 趙逯 東平州學生 易

第四十五名 盧珪 濟南府學生 春秋

第四十六名 宜鎮 遼東都司學生 書

第四十七名 陳祐 茌平縣學生 詩

第四十八名 張錦 平度州學生 書

第四十九名 張席珍 長山縣學生 詩

第五十名 李郡直 曹縣學生 書

第五十一名 郭議 德平縣學生 詩

第五十二名 李應奎 濟陽縣學生 易

第五十三名 陳奎 德州學生 詩

第五十四名 顧正 遼東都司學軍生 書

第五十五名 劉翔 長清縣學生 詩

第五十六名 祁士英 恩縣學生 書

第五十七名 劉欒 章丘縣學生 詩

第五十八名 李昆 高密縣學增廣生 禮記

第五十九名 馮一中 茌平縣學生 詩

第六十名 王景 恩縣學生 書

第六十一名 劉璿 商河縣學生 詩

第六十二名　楊俊　歷城縣學生　書

第六十三名　張瀚　博平縣學生　詩

第六十四名　王諫　昌邑縣學生　書

第六十五名　趙華　遼東廣寧左屯衛學軍生　詩

第六十六名　丙右　莘縣學生　易

第六十七名　王春　遼東廣寧左屯衛學武生　詩

第六十八名　王鍇　遼東都司學武生　書

第六十九名　張皞　遼東廣寧左衛學武生　詩

第七十名　田禎　利津縣學生　禮記

第七十一名 王誼 遼東義州衛學增生 詩

第七十二名 崔鑑 德州學生 書

第七十三名 石存禮 青州府學增廣生 詩

第七十四名 于利 新城縣學生 易

第七十五名 公勉仁 蒙陰縣學生 詩

第壹場

四書

君子正其衣冠尊其瞻視儼然人望而畏之

張鳴鳳

同考試官訓導羅　批

場中作此題者不泛則離此篇理明辭暢殊出衆作允宜高薦

同考試官教諭張　批

題本正大作者率多離題旨鮮能說出君子自然氣象獨此篇順題說理而氣象超於尋常者宜君子有取焉

考試官教諭洪　批　說出君子威而不猛宛然在目

考試官教授凌　批　君子威儀動容出於自然此作得之

觀君子謹在己之儀起在人之敬蓋衣冠瞻視一身之威儀也君子於此而致謹焉則豈不足以起人之敬畏哉昔聖人因子張問從政既欲其尊五美矣此又因其問而告以威而不猛之實意謂君子之從政也下民於我乎表率羣動於我乎觀瞻不莊以涖之可乎彼身之所具有衣冠也君子則盛服飾冠以端處乎上無傾側

焉目之所司有瞻視也君子則謹瞻詳視以肅恭於己無輕忽焉衣冠整飭而容貌之端莊瞻視尊嚴而威儀之敬慎故雖不期於人之畏而凡覿其儀刑者皆有以起其嚴憚之心而畏之如鈇鉞初非以威加之也雖不期於人之敬而凡接其風采者咸有以興其景仰之意而敬之如神明初非以勢迫之也夫君子威而不猛如此從政之道寧有外於此哉抑合是章而通考之從政之道有五美焉有四惡焉五美不尊則

存於已施於人者皆失其道四惡不屏則見於
事者不過於剛必失於柔此夫子於子張所以
欲其一尊一屏以盡從政之道也門人記之以
繼帝王之治則夫子之為政從可知矣
知所以脩身則知所以治人知所以治人
則知所以治天下國家矣

藏鳳

同考試官訓導黃　批
中庸此題難於措詞深究其說理
詳明深得所以脩治之旨者僅見此篇

同考試官訓導晏　批　題有淵微難於措辭作者多

昧之近入德以行達道意惟此篇辭能說理故錄之

考試官教諭洪　批　體認明白辭長意到佳作也

考試官教授凌　批　會理以為治之所以脩治之旨殆無餘蘊

惟自治之理有以明則為治之理無不明蓋治
己治人其理一也然自治之理既明則所以治
人治天下國家者夫豈有不明者哉昔中庸引
孔子答哀公問政之言有及於此意謂人身具
乎達道行道本乎達德達德不備則達道不行

非所以脩身也君子知三近為入德之事其行道也不惟知以知之而又仁以體之不惟仁以體之而又勇以强之則有以造道成德而自治之理明矣為治之理豈有不明者哉彼人者對己之稱雖爾我不同而均此心也既知所以脩身則所以治人者亦惟以達德而行達道運吾所以脩身者治之耳孰謂治人有不本於脩身乎天下國家則盡乎人雖遠近不同而均此理也既知所以治人則所以治天下國家者亦惟

以達德而行達道舉吾所以治人者治之耳孰謂治天下國家有不本於治人乎夫脩身而至於是則有君有臣而文武之政焉有不舉也哉夫子以是告哀公宜子思引之以明道之費隱也歟大抵人君一身天下國家之本故夫子因哀公問政既告以人存政舉而又推本於脩身葢取以結上文脩身之意而起下文九經之端也中庸引之以繼大舜文武周公之緒豈無意哉

聞君行聖人之政是亦聖人也

李宗舜

同考試官訓導夌　批　題本平易士子類能析而爲文叅其詞語精切深合陳相稱文公之意者無如此篇宜在所錄

同考試官學正廖　批　此題場中作者多以教養無説而於是亦聖人處又無發明殊爲可厭惟此篇深得厥旨故表出之

考試官教諭洪　批　講能發題意而破尤佳可取

考試官教授淩　批　稱美文公善復古制佳作也

時人於滕君聞其復古之制稱其類古之人盖

井田之政聖人之創於古者也滕君能舉而復之焉宜陳相擬諸聖而稱美之也與昔陳相與其弟辛自宋至滕而稱道文公之意蓋謂井地之法乃古聖人經理之政也孰不知其為善而能行之者少吾聞滕君慨然有志於治選畢戰主為井地之事使聖人之善政復見於今日焉井田之制乃古聖人講畫之法也孰不知其為良而能舉之者鮮吾聞滕君毅然有志於治問孟子以求井田之詳使聖人之良法復著於當時

焉夫聖人之所以大過人者以其能行善政耳今君既有以行其政而上下相安是亦聖人也何必親畫井地而後謂之聖人哉聖人之所以不可及者以其能舉良法耳今君既有以舉其法而公私兼濟是亦聖人矣奚必躬制井田而後謂之聖人哉吁文公一復古制而陳相輒以聖人稱之王道之易於感人也有如是夫大抵戰國之時聖學不明斯道晦蝕文公聞孟子之教行喪禮而致四方弔者之大悅行仁政而致

許行陳相之來歸其資質有過人者使能然用
孟子之言而學問以充之尚何聖人之不可及
哉故曰有為者亦若是

易

雲行雨施品物流形

李宗舜

同考試官訓導袁　批　朱傳以天道明此義作
者多體認不真此作詞足以發之是宜錄出

同考試官學正廖　批　題本平易作者多失之

穿鑿往往以氣之亨而後形之亨立說殊失本旨獨此篇據理成文優於衆作宜取之以冠本房

考試官教諭洪　批　見之真者其立論自別

考試官教授凌　批　得彖傳明乾亨之旨且辭無牽複一結尤佳可取

彖傳即氣形之亨而以釋乾之亨也蓋雲行雨施氣之亨也品物流形形之亨也天道之亨如此則夫乾道之亨豈不於是而可見哉傳彖聖人以天道明乾義及此蓋謂一元之氣始於元

矣而必達於亨方其絪縕也則薰蒸為雲油然而興于以飛揚于霄漢瀰漫于太虛雲之行也何如及其和暢也則發散為雨沛然而作于以灌溉乎八荒沾濡乎九有雨之施也又何如雲行於上雨施於下氣之亨可見矣萬物之生始於春矣而必達於夏故其資始於元者皆暢茂條達而其勢莫遏自形其形效質於亨嘉之時所謂齊乎巽者是已資元而生者咸發榮滋長而其勢莫禦自色其色肖象於化光之際所謂

相見乎離者是已品彙畢呈萬化悉見形之亨又可見矣一氣亨于上衆形亨于下天道之亨如此聖人即之以明乾亨之義豈復有餘蘊哉雖然亨之義大矣其在天也於時為夏其在人也則為禮在聖人則為得天位而行天道在君子則為嘉會是以合禮噫亨之一義不惟明之以天道聖人而又體之於君子發明之悉如此雖其文義有非文王之舊者然讀者各以其意求之則並行而不悖矣

黃帝堯舜氏作通其變使民不倦神而化之使民宜之易窮則變變則通通則久是以自天祐之吉无不利黃帝堯舜垂衣裳而天下治蓋取諸乾坤

蔣璜

同考試官訓導袁　批　此篇於明聖人通變無為之妙深合本義之旨非深於理學者不能到也得士如此殆亦可嘉

同考試官學正廖　批　題分於蓋取諸乾坤處似疏然場中士子率多蹈襲陳言以為合于易下為取諸易殆與聖人

制器尚象之事想矛盾矣是篇析理明而措詞當而其必留心於易

學者歟

考試官教諭洪　批　詞理俱到可取

考試官教授凌　批　發明變化无為最是

群聖極通變之妙而成無為之治者疑有取諸
易卦也甚矣乾坤變化而無為也聖人妙通變
合于理而成無為之治者得非有取於是歟大
傳言聖人制器尚象之事如此且自神農既沒
之後黃帝堯舜迭興之日因人文未著禮義未

與世道之當變也於是通達其變使民用動用作而為之不倦神妙其化使民不識不知而宜於日用所以然者是即大易之理陽之窮也變通於陰而悠久不息陰之窮也變通於陽而永終無窮聖人變通之 合乎易理如此是以自天祐之而所以變通宜民者極天下而盡善自天申之而所以神化利民者歷萬世而皆宜黃帝堯舜於此復何為哉但垂絹為衣其色玄而象道襞幅為裳其色纁而象事尊卑之分以明

隱然形色之不動也而天下自爾其平治貴賤之等以辯泯然聲迹之無聞也而四海自爾其雍熙聖人變化無為之治如此果何所取乎疑取諸易之乾坤焉蓋乾為純陽而主化凡卦爻之陽者皆由是而出然其化也一出於自然非有心而為之耳坤為純陰而主變凡卦爻之陰者悉由是而生然其變也亦由於自然非作意而為之耳黃帝堯舜變化無為之治其有取諸此與是則聖人之變化所以象乾坤之變化聖

人之無為所以法乾坤之無為制器尚象有如
是夫考之犧農之時人害雖消而人文未著衣
食雖足而禮義未興為之君者方且與民並耕
而食饔飧而治蓋未識所謂上下之分三聖人
出於是弧矢棟宇之制作而安居防患之利興
杵臼棺槨之法立而養生送死之道具衣裳以
辯尊卑書契以立民信皆三聖人因時與事而
通變宜民者也噫聖人所以生生斯人者若此
其備斯時也其世道一新之會黎民於變之機

也歟

書

好生之德洽于民心

張鳴鳳

同考試官訓導于 羅 批 作七題者多牽合對偶語衣合可厭典雅沈實無如此篇

同考試官教諭張 批 題意若指舉事多以難求之或專以用刑行賞言者或專以寬失不經言者顧於蔡傳殊無發明此篇不徇衆見若鑑照虞舜所行而善之者壁經其餘然者乎

考試官教諭洪　批
題本平淡作者多不能於簡此作得之

考試官教授凌　批
說舜德入人之深殆謹可占詠

聖君愛民之德深入斯民之心蓋君德好生其所以愛乎民者至矣聖君有是德而其深入于人心如此何其德之盛哉昔臯陶因舜美其明刑弼教之功而言此以歸功於舜意謂天地之大德曰生人君得天地之心以為心曰好生帝也不忍之心每形於政事之宣布無憐刻也仁厚之念常寓乎法度之設施無殘忍也臨下御衆

不煩密而急促忠厚至矣非好生之德而何用刑行賞常屈法以申恩仁愛盡矣又非好生之德而何然是德也流衍洋溢自然浹洽于民心而無遠近之間漸涵浸漬自然淪入于人心而無彼此之殊並生於天地者皆饜飽乎是德何啻雨露之滋潤乎肖形於覆載者咸薰蒸乎是德奚啻河海之灌溉乎夫帝舜好生之德深入于民心如此所以民協于中而臣庶罔干于正也與大抵有虞之時君臣明良以成至治帝舜

以無刑為皐陶之功皐陶不敢當而歸功於上盖臣之於君有將順其美之義豈若後世以事君為容悅者哉噫皐陶固可謂善體其君之心而帝舜亦可謂深知大臣之義者矣

我亦不敢寧于上帝命弗永遠念天威越我民罔尤違

程福

同考試官訓導羅 批 場中士子多以畏天保民平說殊失本旨此篇深得題意宜在所錄

同考試官教諭張　批　此題太難措辭作者率體

認不真而於亦不敢字與、、纏繞不能發、什、鋪敘整密深

得周公留召公意味如此篇者可多得邪

考試官教諭洪　批　融會傳註成文可嘉

考試官教授凌　批　詞暢意足

大臣言在已敬天命于得民心之時所以挽留同列也甚矣天命之係于民心也豈可謂民心已得而不知敬天命也哉周公因召公告老而去既述其自任之言而此以己意申之意謂我

欲挽留夫公者非為一己之私謀實關國家之大計是故式教用休天固以無疆之大歷命我周矣然輔君以永天之眷命豈獨公有是心哉我亦不敢苟安天命必謂永孚于休而不之敬焉誕受多方天固以無疆之大服命我周矣然輔君以凝天之佑命豈特公有是圖哉我亦不敢苟寧天命必謂終出于祥而不之畏焉夫天有聰明而視聽則因乎民萬邦咸休今日之民心固無尤怨矣若苟安天命而不能預防則天

威於此乎隱伏我敢不慮其將來而永念天威
於我民無尤怨之時乎天有明威而好惡則因
乎民四方迪亂令日之民心罔背違矣若苟
寧天命而不能早圖則天威於此乎萌蘖我敢
不圖其未然而遠念天威於我民無背違之日
乎我之心如此公宜與我同心為我許留也何
乃遽忘時我之言而不顧哉嗟夫召公之欲去
者懼寵利之太盛周公之懇留者憂天民之無
人一得保身之哲一得愛君之忠要均為天理

人情之至也然國爾忘身則又自有輕重之別馬厥後召公既相成王又相康王再世猶未釋其政蓋有味于斯言也後之人臣者宜鑒於斯

詩

吉日維戊既伯既禱田車既好四牡孔阜升彼大阜從其羣醜吉日庚午既差我馬獸之所同麀鹿麌麌漆沮之從天子之所瞻彼中原其祁孔有儦儦俟俟或羣或友悉率左右以燕天子

既張我弓既挾我矢發彼小豝殪此

大兕以御賓客且以酌醴

程周轅

同考試官訓導黃　批

塲中作者率皆雜合成文求其從繁就簡而辭理俱到僅見此篇

同考試官訓導晏　批

此題頌體頗多難於包括作者不失之冗則略殊為可厭此篇理明辭簡可取

考試官教諭洪　批

寫出宣王復古氣象可以式

考試官教授凌　批

題本高能約而備見作手

詩人美王者之田獵必敘其極綜理之周而洽上下之情焉蓋田獵一時[illegible]事也王者舉之而事無不周情無不洽如此詩人得不敘其事以美之哉是詩因宣王田獵而作意謂田獵將用馬力馬祖不可以不祭也故卜戊日之吉祭禱馬祖之神由是田車則既好而甚堅四牡則孔大而且健可以歷彼大阜之險而從其禽獸之多焉馬既齊矣獵地不可以不擇也故越庚午之日遂擇所乘之馬于以視彼禽獸之所聚從

其麀鹿之最多則莫盛於漆沮之旁而宜為天子田獵之所焉地既擇矣獵斯舉焉瞻彼中原其祁而廣大視彼禽獸孔有而衆多儦儦而趨俟俟而行者有之或三為羣或二為友者有之禽獸之多如此豈敢以怠力爭於是率其左右之人各共田獵之事併力齊心于以樂乎天子之心也斯時也射必有弓我弓則既張矣弓必有矢我矢則既挾矣發彼豝焉而獸之微者無不中藝何精也殪此兕焉而獸之大者無不制

射何力也禽獸之獲如此豈肯以自奉乎於是
治為俎實之用進於賓客之前酌是醴酒于以
周其待下之禮也吁一田獵之間而事周情洽
如是此宣王所以為能復古而振中興之業也
歟抑考周室中衰文武之治不可復見田獵之
事不能復舉幸而宣王奮然中興內脩外攘復
文武之境土舉田獵之舊典齊馬擇地而事無
不周行狩獲禽而情無不洽於一事之間而五
美具焉然則宣王之田其諸異乎人之田也嗚

呼盛哉

於皇時周陟其高山隨山喬嶽允猶翕河

敷天之下裒時之對時周之命

臧月

同考試官訓導黃　批　崇學務古準　作

者多分析不一認理明而措辭當者無踰此篇

同考試官訓導晏　批　題本淺易學者多鋪陳

言令命意觀此作說出武王巡狩之事故錄之

考試官教諭洪　批　詞贍理明足見學識

考試官教授凌　批　形容武王巡狩之舉深合題意

詩人美盛世言其舉巡狩之典表其為維新之命夫王者受命之初而巡狩之典不可以不舉也詩人頌其功而嘆羡之宜哉是詩頌武王而作蓋謂美哉我周也當受命之始為巡狩之行陟彼高山有狹而長者曰嶞山也則登嶞山以柴望有高而大者曰喬嶽也則登喬嶽以祭告然而天下非一方四方非一嶽於是又道翕順之河以周四方之嶽使東之岱南之霍皆徧以

祭之而禮無不舉西之華北之恒皆歷以祀之
而神無不宗所以然者凡以數天之下大小庶
邦非一國也聞天命之方新知祭告之必舉莫
不引領有望於我故聚而朝之於此之下以
慰其心焉遠近諸侯非一君也見曆數之有在
知朝會之必行靡不趨首有待於我故裒而會
之於方嶽之間以答其意焉凡若此者是皆我
周躬陟元位闢乾坤於再造赫然命令之維新
也豈復商之舊政哉是皆我周尊臨大寶揭日

月於重光煥然政治之更始也豈復商之舊制哉吁行巡狩之典以新天下表一代之命以警人心武王受命之初而有是舉焉此所以為可美也詩人得不頌其功於廟以咏歌之也哉抑論之得天下必告于名山大川禮也舜受天下於堯猶必望于山川徧于群神受命之始不得不然也而况武王革命之主乎是宜其上承天命而有時邁之舉下答人心而有此般之行周道之長良有以矣噫讀是詩者可以想武王之

政於千載之上

春秋

齊人陳人曹人伐宋莊公十四年宋人齊人邾人伐郳莊公十五年宋人齊人衛人伐鄭莊公十六年公會齊侯宋公陳侯衛侯鄭伯許男曹伯侵蔡蔡潰遂伐楚僖公四年晉侯及秦伯戰于韓僖公十五年

張儁

同考試官訓導頤　批

題本胡傳場中作者多牽[illegible]

立說殊妙本旨惟此篇能融會傳意成文且說出齊桓以制用兵故能南
推强楚西抑秦晉天下莫能與爭之意必熟於麟經者也故取之以冠

本房

考試官教諭洪　批　見理明措詞順深合經旨可取

考試官教授凌　批　筆老法森議超出衆作可嘉

惟伯國以制而用兵故倚威自足以制强與見
南推强楚西抑秦晉皆桓仲用兵有制之明驗
也春秋得不備書而深美之哉何則春秋之初
首五霸者齊桓佐齊桓者管仲方其匡合之初

務圖簡便之政始幽宋人背會也而惟討以陳曹之兵繼因郳人叛宋也亦惟懲以宋邾之旅未幾再叛宋曹而討乘間侵宋之鄭焉之三役也以將則卑初無大夫之遣以師則少初無大衆之行兵非不用也而用之以其制民非不賦也而賦之有其方齊桓息養天下若此則足食足兵之本立而威力強矣其於摧強楚抑秦晉特易易耳是以南莫強於荆楚也桓則以此兵而致討鼓義氣以撲其燎原之虐焰宣文告以

息其猾夏之腥風卒之荆楚覩齊之盛憚齊之
威遣屈完納欵軍門之下而頓服於南焉使非
桓公節制之兵有以摧之則楚國方城以為城
漢水以為池將與齊抗衡於一時矣寧肯遽服
於薄伐之頃哉西莫雄於秦晉也抑則按此兵
而不動肅威聲以寢其吞併之初心凜風槩以
讋其爭雄之悍氣卒之秦晉懾齊之衰覘齊之
怠乃遲兵接戰韓原之地而始爭於西焉向非
桓公節制之兵有以抑之則秦晉殽函以為險

山河以爲固將與齊並驅於中原矣寧肯興兵於數十年之後哉抑考齊自管仲得政之後不但用兵一事資其匡輔之力也觀其盟幽伐尊王之義救邢建衛患之功首止之定大本寧毋之正大倫葵丘之恪盡臣禮皆仲之力也惜乎越一二載事不逮初城杞則專封犯矣會卞則家法虧矣孝公之囑則長幼之節亂矣仲於輔齊之心何有哉詩曰靡不有初鮮克有終其仲之謂與

楚子蔡侯次于厥貉 文、十年

王潤

同考試官訓導頓 批 題本平易作者多支離

令余欲觀此作體認明白大義微密令傳意旨作者冠錄出

考試官教諭洪 批 筆力老成體裁得其醇雅之

已擬取

考試官教授凌 批 此作字句精當發揮詳悉宜

春秋著强夷之跡復迫於從夷者隱其非志於

從夷者顯其罪書法有以見聖人原

情定罪之深意焉且楚自狼淵以來無日不以謀夏爲事迺令假孟諸之田謀爲伐宋之舉率兩廣之衆次止厥貉之墟徘徊不進非以觀釁也不過窺我虛實而欲蚕食乎諸姬逼邇不前非以班師也不過觀我朶頤而欲虎視乎中夏楚之爲謀如此不亦狡乎春秋於此特書次者所以著其罪焉然是役也曰鄭曰陳既操戈以從事曰宋曰蔡亦率賦以効勞春秋乃削三國而獨以蔡書何哉蓋當是時陳鄭方遭敗獲之

憂宋國亦有北狄之難苟欲力制不從則強弱之勢不敵滅亡之徵可待所以黽勉於楚者實以紓一時之禍蓋有不得已者非所欲焉故削而不書隱其非也彼蔡以文昭之裔無四境之虞苟謀其不免則當嚴兵固圉以待之守正効死以俟之斃乃甘心於楚者欲以藉強力之庇則是得已不已志在從夷狄矣故獨書蔡侯者顯其罪也雖然四國從楚之誠偽有不足論獨怪乎楚穆何人乃敢次厥貉以憑夏耶蓋由晉

君少不在諸侯趙盾諸卿又無折衝禦侮之道故范山啓北圖之念如此噫斯時也安得起桓文管狐於九京相與定安攘之計

禮記

故歌者上如抗下如隊曲如折止如槀木倨中矩句中鉤纍纍乎端如貫珠故歌之為言也長言之也說之故言之言之不足故長言之長言之不足故嗟嘆之嗟嘆之不足故不知手之舞

之足之蹈之也

王懋

考試官教諭洪　批　鋪敘齊整亦善於爲文者

考試官教授凌　批　此題上截狀歌之妙下截推歌之義經旨瞭然作者多昧而不知於歌於蹈累貫珠處通說上文者絕少此作發明殆盡其本房之巨擘歟

狀歌之音而曲盡其妙推歌之義而馴致其極夫歌必有音而有義也苟狀之不盡其妙而推之不至其極又豈善於論歌者哉昔師乙因子

音聞聲歌各有所宜而告之及此謂夫聲歌之作節奏攸存彼聲之揚而高也如抗舉然聲之抑而下也如墜隤然其委曲則如行之折旋也其止息則如木之枯槁也倨焉而微曲也中乎矩之方句焉而甚曲也中乎鉤之曲或高或下或曲而清濁之相生或止或倨或句而循環之不已纍纍乎正如貫珠不相反而相連也歌之節奏如此而其始終何如是故歌之為言也聲之連延不絕而長言之者也方其人有所說而

情動于中故形於聲而發於言也言之不足以盡其說故連延不絶而長言之也長言猶未足以舒其說也故發諸聲嗟而自不容遏形諸氣嘆而自不容已焉嗟嘆亦未足以暢其說也故手之舞之而不知所以舞之蹈之而不知所以蹈焉歌之自始而終如此可無節奏於其間哉嗟夫歌也者所以直己而陳德也其係於人身而關乎世教亦重矣吾夫子與人歌而善而有取焉不有見於此乎柰何世之人不是之察

而顧藉為娛樂之具其失之也遠矣噫若師乙
者亦可為吾夫子正樂之家相歟
奉斯三者以勞天下

王雲

考試官教諭亢　批　詞理詳明莫善於此

考試官教授凌　批　題本寬冗作者於本勞二字多
發揮其上有不知三王者是為超出衆作其熟於恭儉往救之旨者乎

承造化之公撫斯民之衆夫造化之德至公而
無私也三王奉之以勞天下則其德之參於天

地不于斯而可見哉昔吾夫子因子夏未達三王奉三無私之言而告之及此意謂天覆地載萬物並育於其間何公如之日照月臨萬物畢圓於其下何私之有三王荷天之寵而作民君師他未遑圖也于以欽若乎天地之至公而不違焉荷天之休而為民父母他未暇及也于以祇承乎日月之無私而不悖焉所以然者何哉為天下生民計耳由是安之懷之使無一人不得其所勞之來之俾無一夫不被其澤四海九

州範圍而無遺九夷八蠻甄陶而無外是其勞天下之至公一天地覆載之至公也由是好其所好而有以愜乎輿情惡其所惡而未嘗拂乎人性明見萬里而德化充周旁燭無疆而仁恩曠蕩是其慰天下之無私一日月照臨之無私也三王奉斯三者以勞天下如此此其所以參於天地而非後世之所能及也歟抑觀禹之成允成功克勤克儉而聲教四訖湯之不邇不殖克寬克仁而彰信兆民文之不顯亦臨無射亦

保而咸和萬邦武之惇信明義崇德報功而永清四海是皆奉三無私以勞天下之明驗也有天下國家者宜鑒于斯

第貳場

論

聖人受命而興

戚鳳

同考試官訓導黃　批　本房五百餘卷論佳者固多多然氣味膚淺一日可盡惟此卷之有發越而意思尤深長

其論場之翹楚者歟

同考試官訓導晏　批　場中作者於聖人定命
而興處多泛無歸。宿僅得此卷辭氣雄健發明親切殆無餘
蘊矣可嘉可嘉

考試官教諭洪　批　場中作者多務為遠遂至汗
漫而意不充此篇議論層出而意自足非學充才富者不能也春
雷聲當拱手以俟

考試官教授凌　批　議論宏博非有過人之才者不
能作也

論曰以一人膺天命而履天位無為之妙其必有所托者焉甚矣天命不可以力致而天位不容以倖得也必天有托於聖人而聖人受其托然後得以膺是命而履是位也不然則一命之微一位之小尚不可得況天之成命乎況天之大位乎子朱子釋王者謂聖人受命而興愚以為天欲托其仁天下故及此與然天豈容心於其間哉無為之妙自有不容已者請演其說天

之於人賦命有不齊故其位亦隨之彼沾
一命之微得一位之小者尚謂冥冥之中
有所托而然矧以天之成命畀之一人之
身以一人之微履天位之大不謂有所托
而能致是哉然天無為也果何為而托之
乎蓋天生斯民性無不同而氣則有異唯
其性之同也則人皆可以為堯舜若無待
於天也天亦無托於聖人可也唯其氣之
異也則上智與下愚不移故不能無昏明

强弱清濁通塞之分不托之君師以治之則天下貿貿焉昏昏焉無以遂其性而天生物之功亦褊矣茲欲使天下之人同歸於仁其責不已重乎將托之賢人耶則賢人未及乎天德一家一國可也天下之大惡乎能勝是任也舍聖人其何以哉謂之聖人有天德者也其本體則元亨利貞也其性則仁義禮智也其情則喜怒哀懼愛惡欲也其質則聰明睿智也其氣則清明

純粹也其德則生知安行也夫德之聚者宜天命之攸歸而上天之眷德必畀之以咸命可也苟伸此而抑彼則是天之耗聖人者未至而聖人亦無以盡其責矣天豈吝於是哉是以命之以位則尊為天子也命之以祿則富有四海也命之以福則椅天之休也命之以壽則億萬斯年也命之以臣庶則百官羣牧也命之以赤子則羣黎百姓也命之以區宇則九州四海也命

之以藩屏則要荒戎服也天之成命有如
是夫吾想聖人受之於眞元會合之初驗
之於神享民受之際於是應期而興奮乎
其大有為也出震繼離握乾闢坤乘六龍
以御天居九重而凝命也其心豈不曰天
佑下民眷我以成命托我以天下之重如
此不有以答之是辜天命矣負天德矣棄
吾民矣忍乎哉欲無負於其托亦唯擴天
之所為以仁天下耳是以天無言也代天

言之天無爲也代天爲之天不能自養民
也代天養之天不能自教民也代天教之
天不能自理物也代天理之天不能自處
事也代天處之典天敘也吾惇之禮天秩
也吾庸之天命有德五服五章奉天命也
天討有罪五刑五用奉天討也造化發育
乎萬物而吾仁與之流通陰陽根柢乎萬
化而吾德與之運用將見百官以正社稷
以寧庶民以安禮以脩而民性節矣教以

明而民德興矣政以齊而民俗淳矣昏而明弱而强無復乎向之貿貿也濁而清塞而通無復乎向之昏昏也驗一方而一方薰蒸透徹無一人之非仁無間乎性之同也舉一世而一世融液周遍無一處之非仁無間其氣之異也夫如是則天之成命始為無負其托矣是豈一朝一夕之故哉

聖人者始為不虛聖人受命於天而興者蓋必積久而後能計時而可得也孔子曰

王者必世而後仁大易曰聖人久於其道而天下化成此之謂與雖然天命之所在人心之所在也大哉如堯初何有心於天位耶然而諸侯尊之人心戴之堯於是受命而興焉天與之寔人與之也君哉如舜初何有意於天位耶然而二年成邑三年成都舜於是受命而興焉天授之實人授之也玉帛之來雲霓之望人心歸於禹湯也天於是乃命以位而其興也孰能當之

分有二八百諸侯人心歸於文武也天於
是寵之四方而其興也孰能禦自時厥後
天命之去留靡常人心之向背靡定秦鹿
一失而轉之漢漢鼎一遷而轉之唐唐祚
一移而轉之宋遼夾胡元竊柄日趨下流
天實厭之而人心去矣肆我
太祖高皇帝躬膺曆數聿新天命臣僕乎億兆
統馭乎華夷其
聖德

神功固已超軼唐虞三代之盛而陋諸代於下風矣

列聖相承重熙累洽

聖丕于繼體守成光前裕後續帝王之大統迓

祖宗之鴻休自天佑之協民心矣天下莫不欣

然頌曰今日復見

聖人受命而興猗與盛哉謹論

表

擬宋以司馬光為翰林學士謝表

王崇文

同考試官訓導羅　批　表佳

同考試官教諭張　批　得體

考試官教諭洪　批　表合式

考試官教授凌　批　得駢儷體

伏以

玉堂視草當資該博之儒

金闕掄材遽及凡庸之輩捫心知愧揣分奚

堪茲蓋伏遇

聰明睿知文武聖神
出震繼離載纘
祖宗之緒體乾履泰遠符三五之仁
踐祚而統合天人
夙宸而會朝夷夏望道未見視民如傷
建中踰半載之期天下有同心之戴
宵衣圖治
側席求賢至於分職之時尤重詞垣之選管

窺
天表蠡測
淵裏盖於言語文章之餘責其論思獻納之
益臣才如襪線器類斗筲前佐憲臺深負
激揚之託近挍章疏僭陳脩治之規論心
術則仁明武畧之當兼論政體則賞罰官
人之必謹仰讀
萬幾之暇俯惡六事之觀惟欲輸忠竟忘觸
諱

聖恩溥博輒見採於芻蕘
天命尊嚴復
寵留於
禁近臣敢不祗承
嘉惠勉策駑資載彤管以演
絲綸傾赤心而備
顧問學非博古吐螢爝以助
日月之光志在匡
君效涓埃以增海嶽之大臣無任瞻

天仰
聖激切屏營之至謹奉
表稱
謝以
聞
第叁場
策
第一問
王樾

考試官教諭洪　批　考據無遺足見學識

考試官教授凌　批　條荅歷代事實已爲詳確至於稱述我

朝

祖宗功德之盛而有油然忠敬之心非有志之士其能然乎

功德兼隆載諸史牒則名稱其實而無可議功德未備載諸史牒則名過其實而有可議蓋天下之事惟名實不可欺實則足以取信於人欺則反以取譏於世此我

朝

列聖之實錄所以媲美唐虞三代而非漢唐宋
所能及也請因明問而條陳之粤自結繩
之俗既變書契之文始立左史紀言若唐
虞三代典謨訓誥誓命之文右史紀事若
春秋二百四十二年所載之事皆經聖筆
刪削可信不疑矣至若後世之實錄寔為
國史之別名錄一代之命令即同手紀言
錄一代之政典即同手紀事漢有本紀世
家列傳年表此實錄之號也唐自高祖至

於昭宗皆有實錄此實錄之書也下追趙宋諸君皆有一朝實錄其優劣得失不能無可議者以治體而論之漢太綱正唐萬目舉宋大綱正萬目未盡舉以諸君而論之高帝明於知人而短於料事光武熟於料事而短於知人文帝恭儉而禮樂未遑宣帝勵治而刑名繩下太宗有撥亂之才而未免慚德之累太祖有君人之度而取天下於六尺之孤[illegible]二[illegible]

烈相半亙有得失此皆漢唐宋之英君而
疵纇若此况其下者乎洪惟我
朝
太祖高皇帝神武天縱俊德成功掃胡元之陋
俗復華夏之彝倫國政之備準則前代家
法之嚴遠過唐宋大綱既正萬目畢舉禮
樂制度巍然煥然暨我
太宗文皇帝守成繼統天下大同
仁宗昭皇帝勵精圖治愛養黎元

宣宗章皇帝任賢致治四海寧謐
英宗睿皇帝丕顯謨猷恢張治道
一祖
四宗大德駿功神謨聖訓昭乎日月之照臨蕩
乎天地之覆載輝暎史牒光前振後蔵諸
金匱萬古不磨名實之相稱豈有罅隙之
可議哉茲者欽奉
綸音纂脩
憲宗純皇帝實錄惟我

先帝纘承
丕緒益隆繼述敬
天法
祖一本乎純誠躬耕籍田精禋乎嚴祀隆大孝
於
兩宮盡友懷於
藩輔
賜
今上以文華大訓而貽謀之慮遠

命儒臣續資治綱目而圖治之意勤臨御二紀
天下化成
功德之隆不可殫述玉堂大儒鑾坡碩學自
能鋪張對天之
洪休揚厲無前之
偉績勤成全典取信方来直與典謨訓誥誓
命之文同垂於不朽矣執事策勵諸生誘
使言志生也沐
累朝之化雨被

列聖之行風亦既有年倘錄分寸之長置身載
筆之地則願摳衣趨隅以從諸儒雖
天地之高厚難以形容
日月之光明未易窺測尚當掇拾見聞攄寫
襟臆少答涓埃之報以盡臣子之心豈容
緘默隱忍而甘於自棄哉謹對

第十二問

藏鳳

同考試官訓導黃　批　五策臚問隨答皆有事實

而此策文勢尤嚴整況前場俱稱且宜魁選

同考試官訓導晏　批　敷陳聖賢經學及諸儒僭擬旨當且文勢淵淵足見有本之學崑山片玉吾于子有望焉

考試官教諭洪　批　條答無遺真策之式也

考試官教授凌　批　有稽考而能曲盡不負所學

六經之明肇於聖人之刪述六經之晦由於諸儒之僭擬夫經以載道而道因經以顯也得聖人之意則自然默契於道泥聖人之言則往往反戾於經況後之學者無

聖人萬一分而欲效而述之亦妄矣哉且
六經何為而作也夫子接三代之後有典
謨訓誥之文有禮樂法度之善天地陰陽
之蘊已露而未顯三綱五常之道幾墜而
未振於是刪詩書定禮樂賛周易脩春秋
蓋為天地立心為生民立極也易以道陰
陽書以道政事詩以理性情禮以謹節文
樂以和神人春秋以正名分經之所在道
之所在也讀聖人之經者求其道斯可矣

柰何後之學者蟬噪爭鳴蛙尊自居或擬或續僭議不一何其不自揣而侮聖言若是哉是故以易言之窮天地之道具性命之理其深遠可知矣故孔子之聖猶欲假數年楊雄何人乃作太玄以擬之雖有首贊元文之名然學步邯鄲而失邯鄲何足數哉以春秋言之假魯史之文寓一王之法其謹嚴可見矣故游夏之賢不能贊一辭孫盛何人乃作晉春秋以倣之雖曰祖

於編年之體然效顰西施而失西施何足
論哉盛周之詩渾厚醞藉非衰世之聲氣
也彼東晳則有補亡之作南陔華黍果足
以廁於鹿鳴四牡之間乎帝王之書大經
大法非兩漢之事業也彼王通則有續書
之作詔志策議果足以繼於典謨訓誥之
後乎若夫儒者之論可以備禮書之缺者
惟朱文公儀禮經傳通解蓋損益三代之
禮豈無合於古之禮歟儒者之論可以備

樂書之缺者惟蔡西山律呂新書蓋推原
作樂之本豈無合於古之樂歟之二書者
有補世教是未可以僭擬者而例論焉雖
然六經之文不同六經之道則同易主卜
筮即洪範之稽疑也禮主節文即虞書之
五禮也詩主詠歌非虞廷之賡歌乎春秋
褒貶非虞書之命討乎至合四書而論之
易之變易即孟子去就之時也書載政事
即孔門問答之政也詩之性情非即中和

之德乎禮從之節文非即三千三百之儀乎
至於大學之所謂好惡又即春秋褒貶之
意也愚生習讀聖經雖未能造其閫奧然
講於師而辯諸友者素矣敢以是為明問
復惟進教之幸甚

第三問

張俊

同考試官訓導頓　批

仰鄉邦先正而審擇於禮士也

考試官教諭洪　批

述今與事果無負於尚友之志見矣

考試官教授凌　批

吟高[illegible]而有[illegible]以[illegible]之

對扶輿清淑之氣散於三光五嶽之間而鍾于一代瓌奇之人故宣聖尼丘之禱申甫嵩高之降古今相傳不可誣也惟山東古青兗二州之地聖賢盛産之邦山有泰嶽之巍聳水有滄海之汪洋鍾靈毓秀篤生異人春秋之世則孔子出而諸賢景從戰國之時則孟子出而群弟率服載諸論孟卓乎不可尚已姑以明問所及者而條

陳之人臣之功業莫過於輔相也以言乎歷代之名相若相景公而顯名諸侯者晏嬰也問牛喘而能知大體者丙吉也總領衆職而能稱上意者魏相也物相公忠而任公竭節者非房玄齡乎處置假借而夷人愧服者非王旦乎人臣之勳庸莫過於將帥也以言乎歷代之名將若用兵無敵而顯名諸侯者孫武也滅竈攻魏而名顯天下者孫臏也出師北伐而興復漢室者

諸葛亮也都督荆州而遠邇悦服者非羊祜乎比征立功而望風降附者非擅道濟乎為人排難解圍而不受千金為會稽太守而惟受一錢為南陽太守而懸魚不食酌貪泉而愈勵雖廉介而能施則魯仲連劉寵羊續吳隱之鮑勛之操守為可嘉操守君子律身之大閑也世教寧無所補乎諫辭切直而始皇感悟攻帝多懲而直諫首稱乞斬佞臣而攀折殿檻伏閣力諫廢

啓上疏極諫天書則茅焦汲黯朱雲孔道輔孫奭之責難為可尚責難人臣事君之大節也國家寧無所賴乎他如伏生口授尚書孔安國承詔作傳禰衡之賦鸚鵡左思之賦三都王粲之賦登樓王禹偁九歲能文石介困窮苦學此又文藝之優長為一時之表著文藝可以潤身君子亦所不廢焉名相也名將也操守也諫諍也文藝也雖有本末言行之殊皆為吾邦山川之

秀平素所景仰欲行而未能蓋將擇所從而願學也抑嘗聞之取法乎上僅得其中取法乎中斯為下矣然則承學今日脩于身家固當一宗孔子而學顏子之所學他日錄於有位又當不徇流俗而效孟子之敬王夫如是則諸先正之行藝亦可以幾矣夫子不云乎隱居以求其志行義以達其道佩服聖言必求實踐豈徒誦說向慕之而已乎謹以是復明問與進教之

第四問

張鳴鳳

同考試官訓導羅　批　詳考無遺究委不略足見學識

同考試官教諭張　批　士風一策持論悉允士子之雄博何如其初得此卷以為筆華尚多然於諸子備陳求陸要害亦亦寄答英雄邁

考試官教諭洪　批　考據詳明篇藻光瑩所擇佳士也其亦平日務記覽而好學者也他日敦用將自斯言

考試官教授凌　批　策能條答

士風之有關於世教也大矣人君為治能

先勵乎此則貪墨奔競之風以息君子守身能無玷乎此則廉介恬退之行以彰此所以三綱立而四維張士風其有不正風俗其有不厚者哉且以古之廉介恬退者言之寇準為相簡薄自持故有有官鼎鼐無地樓臺之譽富弼為相沖澹自守故有田園貧相惟富詩書之貽余清之歸自南海不載一物包拯之出判端州不持一硯廉介如此可多得乎他如溫公之恭儉正

直不事生產荆公之不好官職不自奉養雖均為清廉也然一誠一偽其相去奚啻霄壤哉至若年方强仕請辭機務錢若水之急流勇退可嘉也年未知命表求掛冠韓見素之知止求退可敬也韓維父任執政而不就廷試范鎮禮部第一而不肯自陳恬退如此可泛有乎他若溫公之議法不合請歸西洛荆公之用法未便投老鍾山雖均為靜退也然一得一失其相去奚

啻天淵哉夫古人廉介恬退而無玷於士風如此則今之守身者可不景慕而步武於古人耶况今

聖人在上賞罰有法黜陟有方護士風如護元氣重名節如重鬼神於素行清慎者則

賜以襲衣錫以宴勞其

褒崇之典可謂至矣然能知所勸者固勵於自守柰何貪墨者猶自以為能而行檢之不顧今欲使人皆守廉介必考其果如古

人之一硯不持一物不載者而後勸之則
貪墨者莫不改行從善而能自潔何患乎
居官者不皆寇準富弼不皆余靖包拯乎
於隱居求志者則聘以幣帛
寵以璽書其
獎勸之意可謂厚矣然能知自重者不倖於
苟進柰何奔競者且自為得計而清議之
不恤今欲使人皆尚恬退必察其果如昔
人之兩及相門陜州獻錦者而必懲之則

奔競者靡不革心向化而有所恥何慮乎官守者不皆錢若水韓見素不皆韓維范鎮乎是則廉介也恬退也固士君子守身之常而所以崇褒奬勸豈不有待於君人也哉愚生荷

朝廷作養之恩樂菁莪棫樸之化不敢不以禮義自維廉恥自勵而期與古之諸君子同其節也謹以是復求知執事以為何如

第五問

李宗陞

同考試官訓導袁　批　善闢佛老者必窮其原而有法
以治之觀於此策不待求之於外矣

同考試官學正廖　批　剖析異端之害而有益名教方
策場中有此其亦涵養之深者徒義從說

考試官教諭洪　批　擬闢異端類皆能言不無繁簡之詳
盡故錄之

考試官教授淩　批　闢異端而有區處之法可嘉

欲明正道而異端不可以不去欲去異端

而正法不可以不遵何則周孔之傳所謂
正道也佛老之教所謂異端也
明君張主於上議臣建白於下而有合乎先儒
之正論所謂正法也異端不去則邪說橫
流壞人心術正道烏得而明然欲去異端
而不遵乎正法是猶禦敵而無其具涉險
而未有所乘又烏得而去之哉嗟夫異端
之為吾道害其來尚矣蓋以其無無父無
君之教而恣率獸食人之心在正道誠為

稂莠爲淫哇也豈有不去異端而能明吾之正道者乎第世之人或悅其虛寂之談或信其輪廻之說蔓延相繼牢不可破源于漢流于晉濫于梁唐五代之間極矣請以人主之崇否儒先之論辯者爲執事陳之古之崇釋教者莫有過於梁武帝昌捨身之辱而造塔廟之多其無識甚矣若唐高祖從傅奕之請而汰僧道之繁未必無所見焉古之崇道教者莫有過於宋徽宗

甘聽講之羞而建道觀之侈其不韙甚矣若周世宗知異端之非而廢佛道之教畀亦有所見焉昌黎原道一篇排之不可謂不力障百川而東之回狂瀾於既倒其視李方叔浮圖之論俱無是非之可議惜其詳於祛除而缺於自脩又何以爲息邪距詖之本哉善乎明道極推其敎之失則曰滯固者入於枯槁疏通者歸於恣肆是說也其中異學之膏肓與歐陽本論一書關

之不可謂無功免後學擿埴之惑增吾道
杲日之輝其視李泰伯廣潛之書俱無得
失之可辯惜其雖及於自脩而未歸於根
本又何以救廓清之功哉善乎伊川推其
難辯之弊則曰楊墨之害甚於申韓佛老
之害甚於楊墨是說也其為吾道之大閑
歟方今周孔之正道雖明而釋老之異端
猶在殆見名山勝地之閒淨圖道院之相
望通都大市之上黃冠緇流之相集浪費

金碧動以鉅萬歷耗財用不知紀極然其
徒方且肆為邪說惑世誣民充塞仁義愚
也生聖人之邦學聖人之道其於斯害所
嘗疾心而疾首者也恭遇
皇上聖由天縱政與日新踐祚之初屏去異端
斥絕佛子凡此皆出於尋常萬萬者也邇
因廷臣奏請欲毀天下之淫祠欲汰天下
之僧道仰承
聖俞即下其事此誠千古之一快也柰何異端

深根固蔕而不易為之去所司玩歲愒日
而不急為之去至使京城内外寺觀之殿
宇猶存僧道之種類仍盛此所以厪吾執
事之問也伊欲盡驅天下僧道之壯丁若
使歸於人倫盡圻天下寺觀之私創者使
改為廬舍火其書絶其根使數百年之宿
弊一旦勦除惟願
皇上昭日月之明奮雷霆之斷講究先儒之正
論申明

聖朝之正法使天下曉然知吾道之正異端之
邪不惑其妄誕之言不資其鬻牒之利凡
內而百官外而有司有陰持其說者斥之
阻抑其事者罪之不能奉行
詔旨者黜之如此則異端豈有不去正道豈有
不明唐虞三代之治行復見之抑邪扶正
之策莫有過於此者狂瞽之言不知忌諱
惟執事恕而敎之幸甚

山東鄉試錄後序

聖朝稽古定制建學以育才設科以取士三年大比賓興賢能

列聖相承純用是道

皇上嗣宅丕后懋昭舊典其養士興賢尤為急務故海内之士孰不感激奮迅刮劘進脩以

思効用於
明時書曰萬邦黎獻共惟帝臣
盖於今日見之廼弘治二年
秋適當大比山東徵聘儒臣
謬及於忠復不以忠為畀鄙
猥以考試之寄受詔若驚不
遑寢處暨同寅協恭取士如

額遂不揣僭言以尾諸後愚
惟人才之盛豈偶然哉雖由
於
朝廷作養所致抑亦山川之靈
秀所鍾矧山東為古青兗之
地東有瑯琊即墨之饒南有
泰山之固西有濁河之限北

有渤海之大蓋極天下形勝宜其靈秀鍾於人物歷生聖賢所謂惟嶽降神生甫及申是也諸士子生當聖賢之邦其流風餘韻私淑於人況又挹山川之閒氣當文運之大開故其學問淵源遠有端緒

漸摩砥礪克底于成令就試
而中式者觀其文辭皆粹乎
無瑕雋乎有味燁乎騰光奚
翅乎照乘連城之珍也於是
乎取之以獻于
廷行將策名春官奉揚
明對遴陟榮途有日矣其必益

正乃心術懋乃德行勵乃名
節以求無負
朝廷作養之心無負山川之靈
無負聖賢之學與忠等今日
進取之意斯為善矣忠雖不
敏敬敢不爾頌而爾規
直隸揚州府江都縣儒學教

諭洪忠謹序

湖廣鄉試録序

弘治二年歲在己酉乃

聖天子龍飛鄉選之首科也

聖天子肇登寶位天下之人顒然望

治天下之士有尺寸抱負者咸

有

帝臣之願湖廣爲天下名藩其地廣

其兵強而食足自春秋以來列
國皆莫之先我
國家臣一四海百有餘年太平無
事教養備至其間長材秀民雄
偉非常之士悉業於科舉故科
目得人於今稱盛于時左副都
御史鄭時奉

璽書巡撫是邦作新士氣而鎮守太
監曹整分守太監韋貴潘記總
兵官伏羌伯毛銳又相繼而激
昂之先是巡按監察御史姜洪
酌藩臬諸臣之議發幣預聘光
等以司考校及期巡按監察御
史史簡代至以主試事惟公惟

明務精士選仰體
國家求賢圖治之意乃取提督學
校副使沈鍾所選之士而覆閱
之得入試者一千有六百餘人
內而提調則左布政使張敷華
左參政李孟暘監試則按察使
劉喬僉事馮鎬外而防範贊畫

則右布政使唐珣右參政雍泰副使俞振才楊茂元毛松齡鄭恭陳孜左右參議徐昇李俊王鼎馬銓龔膺僉事余鐸卜同馮錤鄧瑗戚昂周鵬張銳與凡百執事咸恭厥職自鎖院甲午一試丁酉再試越庚子凡三試之

光等夙夜披閱依
制拔其尤者八十五人第其名録
其文以進于
上而傳之四方光濫序諸首因告于
諸士曰是科之録乃
皇上選士求賢之一初也汝諸士獲
録名彙進亦筮仕行道之一初

也天下之事罔不在初人之傾耳而聽屬目而視吾之操機發軔始於毫毛而終於千里可不畏哉抑不特此原其大者道之在人初無不善豈假外求惟失其初不能自信故聖人教人愽而求之約而復之在不失其初

而已非能有所加也後之學者知博文以求道或不知約禮以體道知纂言以明經或不知異說之鑿經文弊日繁溺者日衆支離駁雜去道益遠是故異端之害人猶知之時習枝葉之文日增月益銷磨後學之精華若

航海而未知所歸至於聖賢淵奧純粹之旨或忽而不暇究其害豈淺淺哉嗚呼不逐其末而求其本不泪其流而窮其源則拳度在我博驗而精擇之苟居尊而有所遭際其發舒而爲事業未必無可觀者或居畧而不

得大行其耀于無窮者固在也汝多士及其初而思之期無負於

聖天子教我養我期我以待用也

浙江嘉興府平湖縣儒學教諭

林光謹序

弘治二年湖廣鄉試

監臨官

巡按湖廣監察御史史簡 公鑒河南洛陽縣人 辛丑進士

提調官

湖廣等處承宣布政使司左布政使張敷華 公實江西安福縣人 甲申進士

湖廣等處承宣布政使司左參政李孟暘 時雍河南睢州人 壬辰進士

監試官

湖廣等處提刑按察司按察使劉喬 述憲江西萬安縣人 丙戌進士

湖廣等處提刑按察司僉事馮鎬 大京河南信陽州人 戊戌進士

考試官

浙江嘉興府平湖縣儒學教諭林光 緝熙廣東東莞縣人 乙酉貢士

直隷常州府宜興縣儒學訓導孫鑰 允防浙江鄞縣人 丙午貢士

同考試官

山東萊州府膠州儒學學正王宣 德輝山西太原右衛官籍 丁酉貢士

山東兖州府沂州儒學學正俞瑞 廷佐浙江鄞縣人 丙午貢士

直隷河間府青縣儒學教諭張璉 華器福建莆田縣人 庚子貢士

浙江嘉興府崇德縣儒學教諭劉存德 勉仁廣東東莞縣人 丁酉貢士

直隷蘇州府嘉定縣儒學訓導林節 克清福建長樂縣人 辛卯貢士

直隸蘇州府嘉定縣儒學訓導陳琮 叔瑞浙江縉雲縣人 乙酉貢士

直隸蘇州府吳縣儒學訓導姚慶 允泰江西臨川縣人 丙午貢士

江西吉安府萬安縣儒學訓導李士軒 尚志廣東博羅縣人 庚子貢士

印卷官

湖廣等處承宣布政使司經歷司經歷許時勉 惟善四川灌縣千戶所人 乙酉貢士

湖廣等處提刑按察司照磨所照磨尹正 執中雲南南寧縣人 監生

收掌試卷官

襄陽府知府郭紳 廷章江西宜春縣人 乙未進士

荊州府夷陵州判官王敎 懋倫山東歷城縣人 甲辰進士

受卷官

長沙府推官于深 本淵直隸任丘縣人 監生

漢陽府漢川縣知縣林堪 舜卿福建莆田縣人 辛丑進士

黃州府蘄水縣知縣潘珏 玉汝直隸[illegible]涼縣人 甲辰進士

彌封官

黃州府通判佟珍 時[illegible]遼東定遼[illegible]衛人 乙未進士

衡州府推官陸瓛 邦瑞直隸吳縣人 甲辰進士

荆州府推官李裕中 容正四川資陽縣人 丁未進士

謄録官

武岡州知州汪璿 舜徵[illegible]縣人 丁未進士

黃州府蘄州黃梅縣知縣朱壁 廷獻貴州[illegible] 甲辰進士

長沙府寧鄉縣知縣鄭惟楠 用材浙江[illegible]山縣人 戊子貢士

對讀官

安陸州知州趙全 季脩河南陝州人 丁未進士

武昌府興國州判官蔡坤 [illegible] 甲辰進士

長沙府善化縣知縣方榮 勉仁[illegible]歙縣人 甲辰進士

荊州府枝江縣知縣李智 淑哲陝西[illegible]人 戊子貢士

巡綽官

武昌左衛指揮使李玉 廷璽直隸固始縣人

黃州衛指揮使倪彪 文威直隸海州人

武昌衛指揮同知李瓛 廷陳湖廣孝化縣人

黃州衛指揮同知張永 德恒山東曲阜縣人

搜檢官

武昌左衛前所正千戶沈鑑 克明直隸鳳陽縣人

武昌衛前所署正千戶王海 潮宗直隸廬州府人

武昌左衛後所副千戶張鉞 國器湖廣孝感縣人

武昌衛前所副千戶沈雄 德威直隸六合縣人

供給官

武昌府同知李信　成之雲南建水州人　丙子貢士

武昌府推官詹華　秀潤江西上饒縣人　辛卯貢士

武昌府江夏縣知縣魏宏　六臨廣西桂林中衛人　乙酉貢士

武昌府江夏縣夏口驛驛丞蔣山　安止廣東新會縣人　知印

武昌府嘉魚縣石頭口水驛驛丞杜謐　邦寧四川富順縣人　承差

武昌府江夏縣山陂馬驛驛丞劉照　自省江西永新縣人　承差

武昌府江夏縣金家湖河泊所官陶勛　世勳廣西[illegible]縣人　監生

黃州府蘄水縣蘭溪水驛驛丞周鉞　濟衆陝西乾州人　承差

岳州府澧州蘭江水馬驛驛丞謝表

天串四川余呈賛、承差

第壹場

四書

後生可畏焉知來者之不如今也

是故居上不驕爲下不倍

仕非爲貧也而有時乎爲貧娶妻非爲養也而有時乎爲養爲貧者辭尊居卑辭富居貧辭尊居卑辭富居貧惡乎宜乎抱關擊柝孔子嘗爲委吏矣曰會計當而已矣嘗爲乘田矣曰牛羊

並壯長而已矣位卑而言高罪也立

乎人之本朝而道不行恥也

易

嘉會足以合禮

六三三人行則損一人一人行則得其友

乾坤成列而易立乎其中矣

有天道焉有人道焉有地道焉

書

烝民乃粒萬邦作乂

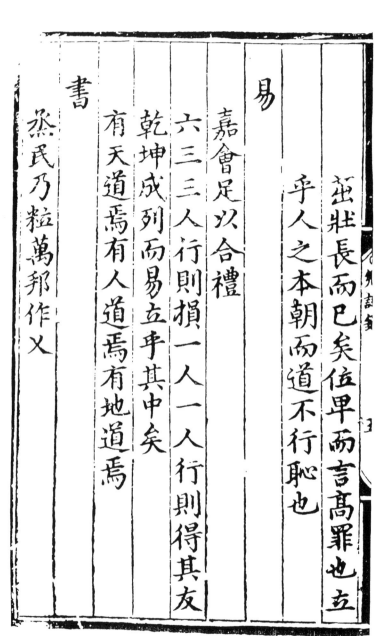

臣罔以寵利居成功

伻來毖殷乃命寧予以秬鬯二卣曰明禋

拜手稽首休享予不敢宿則禋于文

王武王惠篤敘無有遘自疾萬年厭

于乃德殷乃引考

雖爾身在外乃心罔不在王室用奉恤厥若

詩

無已大康職思其外

彼有不獲穉此有不斂穧彼有遺秉此有

滯穗
肆成人有德小子有造
或來瞻女載筐及筥其饟伊黍其笠伊糾
其鎛斯趙以薅荼蓼荼蓼朽止黍稷
茂止穫之挃挃積之栗栗其崇如墉
其比如櫛以開百室百室盈止婦子
寧止
春秋
公及齊侯宋公陳侯衛侯鄭伯許男曹伯

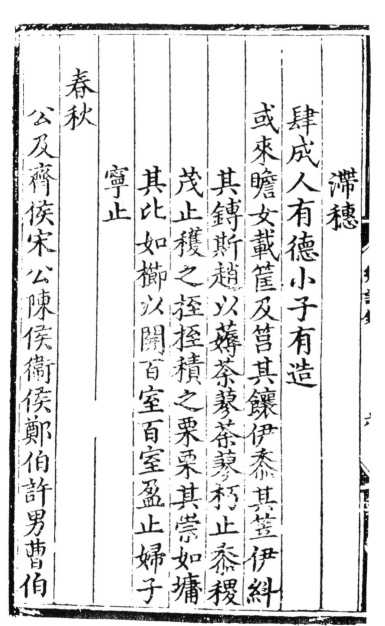

會王世子于首止僖公五年諸侯盟于
葵丘僖公九年
晉侯侵曹晉侯伐衛　楚人救衛俱僖公二十八年
晉人秦人戰于河曲文公十二年
公會晉侯齊侯衛侯宋華元邾人于沙隨
不見公　公會尹子晉侯齊國佐邾
人伐鄭　晉人執季孫行父舍之于
苕丘　季孫行父及晉郤犨盟于扈
公至自會俱成公十六年

禮記

天子之縣內諸侯祿也外諸侯嗣也

四者君以正用之

然後天下知武王之不復用兵也散軍而郊射左射貍首右射騶虞而貫革之射息也裨冕搢笏而虎賁之士說劒也祀乎明堂而民知孝朝覲然後諸侯知所以臣耕籍然後諸侯知所以敬

上公七介侯伯五介子男三介所以明貴

賤也

第貳場

論

三代之所以直道而行

詔誥表 内科一道

擬漢景帝勸農桑禁采黃金珠玉詔

擬唐以宋璟爲吏部尚書誥

擬宋以文彥博富弼同平章事謝表

判語五條

匿稅

失儀

夜禁

鬬毆

賭博

第叁塲

策五道

問天文地理學者之所當知也自古帝王

之興亦莫不以此爲重我
朝
太祖高皇帝頒行大明大統曆
英宗睿皇帝類編大明一統志其所以推造化
於鴻濛收輿圖於纖悉者可謂至精至
密矣姑舉其中之所紀者與諸君子一
講之且大統曆中立春立夏立秋立冬
固同謂之立矣然何以又有分至之殊
以一歲論之爲氣者二十有四其名必

有所起其義必有所取可明言歟餘如鷹化爲鳩田鼠化爲鴽雀入大水爲蛤雉入大水爲蜃果胡爲而然耶一統志中曰府曰州曰縣固各有其名矣然又何以有郡名之異以天下論之爲直隸者二爲布政司者十有三在禹貢則占何州之域在天文則屬何分之野可指言歟他如仁柔惡殺無盜少訟行者讓路道不拾遺果何方之俗歟古之爲士

若冠員冠而知天時履方屨而知地形
況今日之所以仰觀俯察而發之言者
即他日之所以調元贊化而措之行者
也諸士子佩服
聖製久矣願盡言之毋隱
問孟子語學者謂友一鄉天下之善士爲
未足又尚論古之人若楚之人材啓斯
道之傳而有功於後學宜莫如周子周
子之書莫精於太極圖說易通二書二

書之旨包涵無所不備得其要則無所
不通汝善學者亦嘗求其要而有自得
之效乎其要謂何其自得若何面受周
子之傳者程子也程子之書莫過於定
性然下手得力之要安在資於二程者
張子也張子之書莫過於西銘其理一
分殊之旨寔辨南渡以後闡明周子之
學朱子之功爲多朱子之學蓋得於李
延平延平啓益於朱子多矣可歷舉其

要乎友於朱子者張敬夫敬夫之學何者可以擴前賢之未發開後學之正途而比迹於周子乎願相與講明以觀自得之學

問古之史世世不易業不遷官不貳事如周之史佚魯之史克晉之史蘇史黯史趙史墨皆世掌之後世若太史談之後有遷班仲皮之後有固是也然自今觀之遷之書註者前後十四家固之書註者

前後三十家然卒無有易於遷固之爲也後漢之書自謝承迄于范曄作者八人而後曄之書始行晉書自虞預迄于唐太宗作者亦八人名爲御撰其書始定作宋書者四人作齊書者三人梁書陳書俱涉四人之手王劭等隋書至唐而屢變吳兢等唐史至五代及宋而再更以至三國五代史後魏北齊後周南北史小史統史之類悉非一人爲之遷

固之書後世不能易遷固以下秉筆者衆宜其聞見愽而是非公可以信當時而傳後世而反不及何耶諸史之後通鑑脩於温公綱目作於朱子若無遺憾矣或者猶有議於其間何耶願述其人而明究其所以

問廉者人之介可以律身可以養心學者不可不知仕者不可不守而用人者不可不表也虞書九德而廉居其一周禮

六計而廉居其首蓋以此耳且以古今之廉爲諸士子策之彼玉若可寶也誰能以不貪爲寶而卻之魚若可受也誰能以受魚失祿而辭之畏四知去二惑何人有此獨行清恐人知清恐人不知誰家有此雙美葺屋而得金於承塵奚爲而付之縣曹張袖而受金於鮮卑胡爲而具狀以聞遺絲則受之事露則推之不幾於可疑乎東鄰椹落悉拾還主

不戀於沽名乎得珠而賜上人之恩也
獨委不拜其心何心進魚剔骨下人之
敬也黜而罰焉其意何意仕南方而不
帶南物其與判端溪而不帶端硯者同
一介也可指言乎無地起樓臺其與田
園貧窶相者同一清也可備言乎他如
甑中生塵釜中生魚之官不帶輿馬冊
任屏去琴鶴可悉數之歟方今
朝廷清明士夫砥礪然脩潔不汚者固多而

橐櫃金帛者胡不絕跡清苦自持者固衆而膴醢珠玉者奚不息響此豈古人之不可及歟抑亦古時之不可復歟因流溯源其所以不廉者未必無故察脉用藥其所以致之廉者亦必有術也諸士子以博古通今之才必有挈今還古之意願相與講明之毋隱

問治天下之大法非一若制官制兵均賦明刑考課選士制禮作樂皆爲治之首

務雖唐虞三代聖帝明王皆不能外此
以理天下我
朝上法唐虞下稽三代立法以治天下詳且
備矣是故內外相承體統相攝制官非
不善也近何爲致員冗而才或不堪嚴
立禁衞精置也守制兵非不善也近何
以致卒驕而武或未競田賦有經何李
能盡免下之掊尅刑獄日繁何未能盡
勝人之情僞課非不考而名實或未能

盡乎士非不養而廉恥或未能盡勸禮制矣如何而人情尚或不知檢樂作矣如何而和氣尚或不之應凡此皆經國之大務諸士必嘗究心者願聞所以致弊之由而悉其救弊之方以觀經濟之學

中式舉人八十五名

第一名曾大有　麻城縣儒士　禮記

第二名何恕　道州學生　易

第三名周偉　澧州學生　書

第四名李潤　黃州府學生　春秋

第五名鄭惟嶽　耒陽縣學生　詩

第六名席正　孝感縣學生　書

第七名劉守恒　寧鄉縣學生　易

第八名劉仲　耒陽縣學生　詩
第九名毛騤　麻城縣學增廣生　春秋
第十名胡文璧　耒陽縣學生　書
第十一名劉績　武昌府學生　詩
第十二名楊璋　德安府學生　易
第十三名徐鈺　武昌府學生　書
第十四名范淵　桂陽縣學生　詩
第十五名余本　麻城縣學生　禮記
第十六名金選　荊門州學生　書

第十七名	馬顯明	龍陽縣學生	詩
第十八名	袁仕	棗陽縣學生	易
第十九名	胡玥	襄陽府學生	詩
第二十名	龍誥	攸縣學生	易
第二十一名	馬文	永興縣學生	詩
第二十二名	許觀	耒陽縣學生	書
第二十三名	程節	蘄水縣學生	易
第二十四名	彭鳳來	黃陂縣學生	詩
第二十五名	余復善	黃州府學生	春秋

第二十六名王性　寧遠縣學生　書
第二十七名周鏞　常寧縣學生　詩
第二十八名唐惟學　永州府學生　易
第二十九名周憲　安陸州學生　詩
第三十名黃寧　武昌府學生　書
第三十一名朱文澄　沅州學生　詩
第三十二名譚維　攸縣學生　易
第三十三名汪正　麻城縣儒士　禮記
第三十四名陽鈞　寧鄉縣學生　詩

第三十五名王瑺　荆州府學生　書
第三十六名馮綸　郴州學生　詩
第三十七名胡浩　道州學生　易
第三十八名趙文衡　江陵縣學增廣生　書
第三十九名徐欽　黄梅縣學生　詩
第四十名劉珂　興國州學生　易
第四十一名梁奎　黄梅縣學生　詩
第四十二名伍佐　新化縣學生　書
第四十三名周廷徵　麻城縣學生　春秋

第四十四名何本貴　巴陵縣學生　詩
第四十五名周晃　竹谿縣學生　書
第四十六名劉悅　荆州府學增廣生　易
第四十七名楊文　荆門州學生　詩
第四十八名鄒希賢　華容縣學增廣生　書
第四十九名胡節　永州府學生　禮記
第五十名郭泱　興國州學增廣生　詩
第五十一名孫泰　醴陵縣學生　書
第五十二名胡廷傑　漢陽府學生　詩

第五十三名蔣天相　道州學生　易
第五十四名項淵　黃梅縣學生　詩
第五十五名喻淳　麻城縣儒士　春秋
第五十六名徐玹　嘉魚縣學生　詩
第五十七名伍文定　松滋縣儒士　書
第五十八名陳滯　寧遠縣學生　易
第五十九名李世和　耒陽縣學增廣生　詩
第六十名楚玟　辰州府學生　禮記
第六十一名海鯨　武昌府學生　書

第六十二名方賓　岳州府學生　詩
第六十三名黃金　江夏縣學生　易
第六十四名李琊　石首縣學生　書
第六十五名梁寶　澧州學生　詩
第六十六名熊繽　麻城縣學生　春秋
第六十七名文賢　岳州府學生　詩
第六十八名彭麒　荊州府學生　書
第六十九名李誠　黃陂縣學生　易
第七十名魯儒　嘉魚縣學生　詩

第七十一名喻士俊　石首縣學生　書

第七十二名吳傑　興國州學生　易

第七十三名王麟　黄岡縣儒士　禮記

第七十四名鄭袁奎　湘陰縣學生　詩

第七十五名朱璡　常德府學生　書

第七十六名戴弁　應山縣學生　易

第七十七名嚴傑　武昌府學生　詩

第七十八名吳敬　澧州學生　書

第七十九名蘇勲　麻城縣學生　春秋

第八十名劉宸　江陵縣學生　易
第八十一名陳瑀　新化縣學生　詩
第八十二名謝文奎　華容縣學生　書
第八十三名何器　善化縣學生　易
第八十四名毛鳳　華容縣學生　書
第八十五名張遜　澧州學生　詩

第壹場

四書

後生可畏焉知來者之不如今也

魯大有

同考試官教諭劉　批　說理詳明措詞簡潔必熟於本領者允宜高薦

考試官訓導孫　批　異乎諸子之撰

考試官教諭林　批　典雅

聖人論年之少者不可忽意其後之進者不可

量蓋學力銳於少年而遠大成於積累此後生所以可畏而不可量也聖人舉以爲言其警人及時勉學之意深矣想夫聖人之意若曰人當年少之時道有未聞行有未成宜無足畏矣然春秋方盛其年富也年富則進學有餘日而奮發自強之志顯然東日之初升焉血氣方剛其力強也力強則進學有餘功而邁往直前之氣沛若大川之方至焉然後生之可畏者其勢如此彼道雖未聞也使能今日思之明日思之進

進而不已則道明德立安知其將來不如我今日之所造乎行雖未成也使能今日勉之明日勉之乾乾而不息則德崇業廣焉知其後日不如我今時之所就乎是則後生之可畏者正以其方來之不可量也雖然易邁者歲月難聞者至道故人莫先於為學而學貴於及時也苟因循怠忽將日流於汙下其可畏者有時可賤矣故曰四十五十而無聞焉斯亦不足畏也已

是故居上不驕為下不倍

何恕

同考試官訓導陳　批　措詞蒼健見理明徹非老筆

不能録出奚泰

同考試官學正俞　批　辭簡意足不假雕琢有渾厚氣象

考試官訓導孫　批　渾成

考試官教諭林　批　和而暢

中庸論體道之君子處尊卑而無不宜焉夫道無處不在也君子於道之大小旣無不盡則居尊處卑又焉往而不宜哉中庸二十七章發明

人道及此謂夫君子既尊德性以極道體之大復道問學以盡道體之小則德脩道凝隨所處而無不宜矣故以居上言之在人難乎不驕君子則能盡居上之道創制立法不敢自是必求底於至精至備驗之前古而有徵制禮作樂不敢自賢必求至於盡善盡美傳之後世而無弊自視歉然何驕之有哉以爲下言之在人難乎不倍君子則能安爲下之分於上之創立者是遵是行俛俛焉惟圖寡過耳所謂居賤自專者

無有也於上之制作者是矜是式惴惴焉惟冀免咎耳所謂生今反古者無有也自分當然何倍之有哉夫惟不驕則福被於民不倍則災不逮己君子脩德凝道之功不其盛歟抑嘗論之道德之盛莫過於孔子隨所處而宜亦莫過於孔子觀其他日有曰吾學周禮今用之吾從周其不倍可見使其得位則夏之時殷之輅周之冕舜之韶舞必皆見諸行事不驕奚待言哉惜乎有德無位徒托諸空言也噫

仕非爲貧也而有時乎爲貧娶妻非爲養也而有時乎爲養爲貧者辭尊居卑辭富居貧辭尊居卑辭富居貧惡乎宜乎抱關擊柝孔子嘗爲委吏矣曰會計當而已矣嘗爲乘田矣曰牛羊茁壯長而已矣位卑而言高罪也立乎人之本朝而道不行恥也

周偉

同考試官訓導姚　批　凡作長題務禁失於贅務

簡至於冗致使立言者之意晦而不明惟此篇酌繁簡之中
而納諸純然粹然之域用宜錄出以爲後學式

考試官訓導孫　批　文無浮冶

考試官教諭林　批　平正

大賢論仕有爲貧者必詳言其爲貧而仕之道也蓋仕之爲貧者雖不主於行道而亦不可以苟祿也自非大賢詳言示人何以知其然哉想其意若曰仕本爲行道而亦有家貧親老或道與時違而但爲祿仕者如娶妻本爲繼嗣而亦

有爲不能親操井臼而欲資其餽役者焉夫爲貧者既不爲道而亦不可以苟祿故位有尊卑也寧辭尊而居卑祿有貧富也寧辭富而居貧然辭尊富固當辭矣而卑貧何所宜乎惟抱關之吏擊柝之官祿薄而可受位卑而宜居曷不觀諸孔子乎孔子嘗爲委吏矣曰會計當而已此外無他爲也嘗爲乘田矣曰牛羊茁壯長而已此外無他事也夫以孔子大聖嘗爲賤官不以爲辱者所謂爲貧而仕官卑祿薄而職易稱也

然仕之爲貧所以如此者豈有他哉誠以位卑者人責不加苟言高則有出位之罪以出位爲罪則無行道之責若立朝則衆望攸屬苟道不行則有廢道之恥以廢道爲恥則非竊祿之官此爲貧者之所以必辭尊富而寧處貧賤也噫行道濟時君子之本心爲貧而仕蓋有不得已焉耳孟子反覆詳言扶世立教之意不其至哉大抵戰國之時道學不明廉恥日喪竊位者耀權寵苟祿者炫富貴不知聖賢出處大節爲何

物孟子此章雖爲仕而爲貧者發而其微意又
以見仕者必在於行道而不爲行道者決不可
以居尊位也學者察諸
易
嘉會足以合禮
劉守恒
同考試官訓導陳　批　文不雕琢亦不陳腐非深於
理學者能之乎
同考試官學正俞　批　文足以發其旨皆講貫中來者

考試官訓導孫　批　得本義旨

考試官教諭林　批　嘉會即是亨此作隱然見之

美其人事之所聚契乎天理之節文惟君子然也蓋禮嘉天下之會者也今君子於人事之所聚無一之不美焉豈不合乎天理之節文哉文言申彖傳之意如此其意以爲天德之亨即人性之禮而爲嘉之會也君子嘉其所會則足以合夫禮焉彼一言一行之善未足爲嘉會一事一物之美亦未足爲嘉會蓋必於事物之所聚處

之皆盡其善無乖戾焉言行之所萃施之各當其可無違倍焉如尊卑厚薄之分不齊也而其相接之體煥乎其有章升降俯仰之儀不一也而其交會之際郁乎其有文夫如是則律身有度足以契乎天理之節文制行有法足以中乎人事之儀則經禮三百散見於彝倫之間者今則行與之合自無罅隙之可言曲禮三千流行於日用之際者今則動與之會自無強飾之可議吁君子嘉會而合禮如此則天德之亨不在

天而在君子矣文言發明天人一理之意何其
至歟抑嘗考之夫子之釋乾不過推理以盡其
藴也彖傳以天道明之見天之元亨利貞矣以
聖人言之見聖人之元亨利貞矣至文言以君
子言之見君子之元亨利貞矣是則君子也聖
人也天也一理而已然體易之君子其可不希
賢希聖而希天乎

乾坤成列而易立乎其中矣

何㤹

同考試官訓導陳　批　此題於乾坤成列處多無定見惟此篇說理明行文暢宜錄出以冠本房

同考試官學正俞　批　豐贍明瑩一洗陳腐其精於易學者

考試官訓導孫　批　說得易立於乾坤之意明盡

考試官教諭林　批　說易之原透徹

惟陰陽之畫既定則易之體立矣蓋易不外乎陰陽也然乾陽坤陰之畫既定則易之體豈不立於其中哉大傳論乾坤爲易之緼意謂乾爲陽而凡畫之奇而陽者皆乾也坤爲陰而凡畫

之偶而陰者皆坤也彼其畫卦定位之初乾坤二畫一左一右相對而成其列判乎其有別也立象設卦之始陰陽二物一東一西相峙而定其位截乎其不雜也乾坤之成列如此則易之體豈外於是耶彼易之小成自一畫而分兩儀自兩儀而爲四象自四象而爲八卦雖變化之無窮也一皆乾坤相摩之所成易之體豈不立於乾坤成列之中乎易之大成由八卦而爲十六由十六而三十二由三十二而六十四雖生

生之不已也一皆乾坤相盪之所出易之體不立於乾坤成列之內乎夫乾坤成列而易立乎其中如此此其所以為易之縕也歟由是而觀乾坤之畫未列則易无自而見乾坤之畫既列則易即此而在是則乾坤者乃六十四卦之奧府三百八十四爻之寶藏易與乾坤立則俱立隱則俱隱可相有而不可相無者也故夫子言此而下文又曰乾坤毀則无以見易易不可見則乾坤或幾乎息矣詎不信夫

書

烝民乃粒萬邦作乂

周儒

同考試官訓導姚　批　旨明辭暢非熟於壁經者不
能到宜置優列

考試官訓導孫　批　說平成不忘艱難之意宛然
在目其精於書者

考試官教諭林　批　善體貼

萬民足其食天下興其治此治水之成功也蓋

艱難之念易忘而平成之功難保也大臣望君以保治安得不述已成之功以告之哉昔大禹陳謨述孜孜之義而言及此謂夫共享今日之平成雖非昔日之艱難矣然欲保平成於方來也安可忘艱難於既往乎彼向也洪水爲患黎民之阻饑也甚矣何有於粒食乎也暨益暨稷往而同任其責故今日水患平而服勞田畝者得以牧有秩之功交易有無者得以濟匱乏之用百穀成而饔飧有所資鮮食之民轉而爲粒

食之民矣五穀熟而俯仰有所賴艱食之民變而爲足食之民矣昔也洪水未平萬邦之昏墊也深矣何有於作乂予也與益與稷往而交致其力故今日沮洳去而辨土田定貢賦得以成其功建諸侯立師長得以著其績曰侯曰甸凡在疆理之中者固無一人不脩明乎法度遠而三苗亦丕叙焉曰要曰荒凡在統御之内者固無一地不蹈循乎政教遠而西戎亦即叙焉吁民食已足而前日阻饑之憂不可忘邦治已興

而前日昏墊之憂不可置人君豈可以功之已成而忘儆戒之意耶吁大禹言此其孜孜之義明矣雖然大禹在虞廷成允成功不矜不伐今乃自述治水本末先後之詳如此不幾於矜伐乎蓋不矜伐者不自滿假之盛心必自述者欲相與保治之深意也苟徒自誇而無深意何以謂之昌言哉

雖爾身在外乃心罔不在王室用奉恤厥

若

席正

同考試官訓導姚　批　康王求助諸侯之意發明簡當故錄

考試官訓導孫　批　奉恤處本先王建侯樹屏立說是

考試官教諭林　批　此篇細讀亦有味

賢主勉諸侯惟欲不忘乎王國而深體乎君心夫忠國愛君人臣之職當然也賢王以是而勉諸侯其求助之意切矣昔康王呼同姓諸侯而告之若曰爾之職先公之職也我之待爾之心

即先王待爾先公之心也爾何不體我之心以
爾先公自待乎今我同姓諸侯若魯若晉皆分
封而有國者以王朝視之則外矣外則有藩屏
之寄焉爾諸侯尚念王朝之尊身雖在外而江
漢朝宗之心不可忘也若蔡若衛皆分土而有
邦者以王國觀之則外矣外則有翼衛之託焉
爾諸侯尚念王國之重身雖在外而兄弟方來
之念不可替也且先王建立侯邦正爲我後人
計耳今我繼世而有天下先王大業我其承之

憂勤之心則皇皇然爾當奉我憂勤順承之而
不違焉先王遺緒我其守之勤恤之意則切切
然爾當奉我勤恤祗若之而不怠焉如是則顧
綏之道得而諸侯之職盡矣其視汝先公抑何
愧哉嗟夫創業固難而守成亦不易也周之王
業創自文武成王既沒守成之責則在於康王
覲其嗣位之初其報告諸侯上文既述文武德
業而言有臣以保乂王家此又述文武建侯之
意而勉其心在王室惓惓求助之意不一而足

其亦知君道之重而善於守成者歟噫康王其
賢矣哉

詩

肆成人有德小子有造

鄭惟嶽

同考試官訓導李　批　立意新措詞古一結尤有力宜表而出之

同考試官訓導林　批　洞達典雅允宜錄出

同考試官教諭張　批　此作辭暢理順讀之令人起敬

考試官訓導孫　批　說得周世造就人材之意盡

考試官敎諭林　批　形容文王一時人材皆有成就莫過此作

盛世人材大以成大小以成小焉夫一世人材未易以成就也自非聖德之純烏能化成之若是哉此詩亦歌文王之德意謂惟我文王德純不已不以患難而先大之或缺不必聞諫而天性之允合故一時人材其涵養也深其陶鎔也久豈不大有所成就乎以成人言之成人者既冠以上之人也成人而曰有德其必體仁義於身備道德於己如金如錫而精純之可美如圭

如璧而溫潤之可嘉然是有德者非獨一人爲
然環天下而視之凡在成人之列者無不然也
其大以成大也爲何如以小子言之小子若未
冠之童子也小子而曰有造其必依歸乎仁義
摸範乎道德如切如磋而學問之有進如琢如
磨而自脩之無已然是有造者不但一士爲爾
溥天下而視之凡在小子之行者無不爾也其
小以成小也又何如吁舉一世而甄陶之如此
文王德化之盛殆與造化而同功詩人得於觀

感而歌咏之其亦造就中之善鳴者歟大抵天地真元純粹之氣付之人材而國家命脉繫焉故聖人之德必見於作成一世人材然後爲至人材既有所成就則所以續天地生生之大德着在是所以綿國家悠久之丕緒着在是故在文王時賴之以寧及後世子孫亦賴之以安譬之人勤於菑田反以自養樂於樹材反以自庇也噫周家有道之長肇於文王作成人材之一脉有國家者宜鑒於斯

或來瞻女載筐及筥其饟伊黍其笠伊糾
其鎛斯趙以薅荼蓼荼蓼朽止黍稷茂止
穫之挃挃積之栗栗其崇如墉其比如櫛
以開百室百室盈止婦子寧止

劉績

同考試官訓導李　批
說出家勤勞逸樂處宛然可見

同考試官訓導林　批
此篇辭簡理明一洗諸作之陋

同考試官教諭張　批
此作體認明白整潔有度錄之

考試官訓導孫　批
能斂繁就簡

考試官教諭林　批　田家先勤後樂宛然在目

農事興而大小同其勞農事畢而大小同其樂蓋不有以勞於前則無以樂於後也古之農夫始之務農大小既同勞矣則終之富盛也豈不同其樂哉宜詩人以是而歌咏之也昔有周盛時人皆務農當百穀既播之餘苗生漸長之際爲夫爲父者既皆出而在田其婦子之來饁者載筐及筥所以盛乎物者無餘器其饟伊黍所以餉夫農者無兼味其在田者笠之在首糾然

輕舉足以禦夫暑雨鎛之在手趙然鋒剌足以利夫耘耨薅彼荼焉而毒草之在原者以去鋤此蓼焉而害苗之在隰者以除荼蓼既朽土熟苗盛我黍則與與然而茂盛也我稷則翼翼然而庭碩也迨夫收成之時穫之則挃挃然有聲積之則栗栗然甚密其崇則如墉何高乎其比則如櫛何密乎華作相助不但一家爲然舉族莫不然也同時入穀不獨一室爲爾百室莫不爾也百室既盈農事告畢夫夫婦婦休勞苦於

豐稔之餘仰足以事俯足以育何安如之父父
子子慶有年於勤動之後含哺而嘻鼓腹而遊
何樂如之是則樂不生於樂而生於勞能服其
勞斯得其樂不然樂歲終身苦凶年不免於凍
餒雖欲求安不可得也嗟夫好逸惡勞人之常
情況農者天下之至勞乎是以古之聖人知其
然道其耕耨播種饋餉之勤而述其終歲倉廩
豐實婦子喜樂之際以感動其心使勤於農者
可以忘其勞而息於事者亦知以自奮也嗚呼

周盛時家給人足良有以夫

春秋

晉侯侵曹晉侯伐衛　楚人救衛　僖公二十八年

毛騤

同考試官學正王　批　此篇說出春秋責備賢者而樂與人改過之意明快警策讀之令人洒然其嘗用心是經者歟

考試官訓導孫　批　得傳意

考試官教諭林　批　其氣昌

春秋責伯主有復怨之私失容人之度此晉文
侵曹伐衛楚人救衛春秋備書而責備賢者樂
與人改過意具見矣考諸書曰必有忍其乃有
濟有容德乃大晉文之爲公子而出亡也吾嘗
聞其不見禮於曹衛矣今也復歸得國圖謀伯
功一旦因宋人之告急欲却楚而釋宋彼曹也
衛也既未嘗助楚以圍宋亦未嘗會楚以講盟
不禮宿憾忍之可也乃令日潛師以侵曹明日
揚聲以伐衛借曰楚始得曹新婚於衛以方諸

國不猶愈乎已而即衛地之歛盂要齊侯以牡
軟彼衛也欲與楚而不果將從晉而無由降心
請盟容之可也乃拒絕其君而直致褰牛之出
激怒於楚而反召救衛之師借曰戎狄豺狼不
可厭也使晉不已甚其至此乎聖人假史脩經
意謂晉文賢君也曹衛之怨可釋而不釋不於
此而責之則懷私復怨者無所懲矣衛侯之請
可許而不許不於此而貶之則自新改轍者無
其道矣是故侵曹伐衛同一晉侯例不再書也

而再書晉侯譏晉文之復怨也責備賢者之意
爲何如楚人救衛假義猾夏事無足錄也而特
書救衛譏晉文之拒衛也樂與人改過之心又
何如抑又論之當是時也荊楚恃强憑陵諸夏
戰勝中國威動天下向非晉文有以遏之中原
其左衽矣而春秋於其報復曹衛之事畧不少
貸何耶蓋仁人明其道不計其功正其誼不謀
其利若文公者以功利言則高矣語道義則三
王之罪人也噫知此說則曾西不爲管仲而仲

尼孟子雖老于行而不悔良有以夫

晉人秦人戰于河曲 文公十二年

李潤

同考試官學正王 批

河曲一題聖人責秦晉而於秦爲重觀文定以兩何字發傳可見進退闗合作者率多欠明此篇一本傳意而文足以發之錄出

考試官訓導孫 批

春秋書法謹嚴此作以之

考試官教諭林 批

說得稱人不書及意思出

二國逞私忿而交兵春秋權輕重以致責此河

曲之戰秦晉皆書人而晉不書及權衡輕重之法見矣何則秦憤令狐之役舉兵以伐晉晉命趙盾爲將率師以禦秦兩軍相抗河曲交綏于時固壘以待臾駢之謀善矣趙穿獨出而晉無凱旋輕者肆焉士會之策良矣胥甲一呼而秦遂夜遁秦也晉也固無勝負矣然君將稱君大夫將稱大夫經之常例也今秦伯親將趙盾上卿而何以皆書人耶誠以令狐之役也秦人不察是非助邪以干正晉人不謝已罪潛師而夜

起惟始謀之弗臧連兵禍之無已秦爲不仁晉亦非義度彼絜此果孰善歟故皆貶而稱人比諸儆昔以惡之也至若凡戰皆以主人而及客亦經之常例也今秦師方來晉遂與戰而不書晉及者誠以秦師前年伐晉也秦則含憤積怒而必戰晉乃韞甲韜戈而不爭秦之憤已逞晉之情已輸今兵再舉果何名乎以秦較晉曲孰甚歟故不以晉爲主惟責其動大衆不奉詞令以止之也吁春秋褒善貶惡纖芥無遺稱事原

情瑕瑜莫掩此類是巳抑論廢置重事也治亂存亡於此乎繫晉人置君不審罪固難逃矣獨於康公始爲太子送舅氏而念母不忘作渭陽之詩是固良心也今乃納庶孽而奪嫡甥之位兵爭不息豈非忿慾害其良心而然歟不然春秋釋秦而專罪晉矣噫

禮記

天子之縣內諸侯禄也外諸侯嗣也

同考試官教諭劉　批　場中作者多泥小註是以說內外二字不明惟此篇專主大註而文足以發之宜錄之以式後學

考試官訓導孫　批　能融會大註成文宜取

考試官教諭林　批　內外二字分曉

觀先王之邦畿內制群臣之邑外建群后之國蓋地有內外之殊而制邑建國不能無祿嗣之異也先王以此立法其待臣下之意一何至哉記王制者謂夫天子者出震繼離而君臨億兆握乾闢坤而撫有輿圖雖曰尺地莫非其有也

而分邑建國不可無其制焉故自畿内言之地方千里王都在焉不可以封建也于焉置都立邑使彼疆此界各有定分而不得以相踰都邑定則王朝百官食禄有其地矣所謂天子之三公之田視公侯卿視伯大夫視子男元士視附庸是也謂之諸侯禄則凡供養之具泛用之需皆資之以取給焉自畿外言之州方千里藩屏賴焉可以封建也于焉分地建國使此封彼域各有定限而不得以相紊邦國建而五等諸侯

詞守有其地矣所謂公侯田方百里伯七十里子男五十里附庸不能五十里是也謂之諸侯嗣則必由身及子由子及孫而繼續之不替焉内焉食邑以祿乎臣外焉封建以嗣乎臣先王所以待臣下之深意有如是乎大抵先王之制畿内以世祿爲主而有賢者亦得世爵畿外以世爵爲主而不賢者亦止於世祿故公卿大夫有功德者則出封爲諸侯是在外之世爵者乃内之世祿臣也至諸侯有功德者亦必入而爲

公卿是在內之世祿者或在外之世爵諸侯也
內外更易而輕重之所以均者此先王之仁政
也歟

然後天下知武王之不復用兵也散軍而
郊射左射貍首右射騶虞而貫革之射息
也裨冕搢笏而虎賁之士說劒也祀乎明
堂而民知孝朝覲然後諸侯知所以臣耕
籍然後諸侯知所以敬

曾大有

同考試官教諭劉　批　題本平易第作者多失之繁冗有簡者又失之腐此作能斂繁為簡化腐為奇必留心經學者宜冠本房

考試官訓導孫　批　以偃武脩文立說佳

考試官教諭林　批　見武王平天下之次第

聖王偃武而舉世無不知聖王脩文而臣民無不化蓋武功成貴乎偃武而脩文也聖王偃武舉世既知之矣其脩文也臣民豈有不從其化哉昔武王當牧野勝殷之後弛政倍祿之餘天下之人皆曰向也一著戎衣定九年未集之大

統是用大介一三分有二之鴻圖武王嘗勞心於用兵矣今也勝殷西歸馬牛縱而遂其性車甲衅而藏之庫解甲休兵一惟安養黎元而已稱干比戈寧復用乎干戈包之以虎皮將帥封之為諸侯兵革不試一惟撫綏萬姓而已陳師整旅寧復舉乎然武事既偃文教當脩故放散軍伍之衆習射郊學之中左學之射歌貍首以為節右學之射歌騶虞以為節則貫革之射止息而不行焉端裨冕於朝見之時搢圭笏於對

揖之際肅肅之儀施於威武之士雝雝之容著
於鷹揚之人則虎賁之士解去其劍佩焉宗祀
文王於明堂而無小無大之民於是知孝親之
道矣春朝秋覲於殿陛而于藩宣之國於是
知為臣之分矣以至籍田所以供齋盛也躬秉
耒報親耕南郊則爲諸侯者得於觀感又豈不
知所以敬哉吁武王武功成而偃武脩文如此
其亦知急先務也歟宜吾夫子舉之以答賓牟
賈問武樂之遲久也抑考武王當商家之季世

不得已而興牧野之師其心非有他也不過拯

民於水火之中取其殘而已故武功告成封商

王之後舉尊賢之典放牛散馬解甲倚兵祭[illegible]

朝覲以漸而舉耕籍養老以次而行爾以周道

四達之禮樂交通也學者不可不知

[illegible]賜

[illegible]

三代之所以直道而行

曾大有

同考試官訓導李　批　發明理致詞嚴義正無一字苟簡直推測到夫子作春秋上尤見高處

同考試官教諭劉　批　議論正筆力高文而有法質而不俚讀之令人歎服

考試官訓導孫　批　文勢縱橫變態百出可喜可愕真論手也

考試官教諭林　批　天理在人心常存不泯此論得之

論曰天理之在人心者常存而不泯其必有聖人者出而化導之也何也聖人會天

理於一身合先後而一揆世有異也不因
世而異其治民有異也不因民而異其化
治化出於一故民心無不一民心既一則
其公好惡明善惡雖異世而同符也夫子
所以無所毀譽者其在茲乎三代所以直
道而行愚請申其說夫三代者曰夏曰商
曰周也直者生之理乃天之所以賦於我
而我得之以爲道者是道也公而無私正
而無偏爲一心之妙用萬事之權衡以之

善善而善善得其善以之惡惡而惡惡得其惡
不以我有而彼無不以聖加而愚嗇但人
於有生之後汨於氣禀形氣之私好惡遂
至易位而不直矣噫直道而行其惟三代
之民乎且三代之時上而有禹湯文武之
聖君以主行道之權下而有臯陶伊傅周
召之賢臣以任行道之責爲之庠序學校
以淑人心於彝倫爲之命德討罪以維人
心於法度是以當時群黎百姓涵育於聖

澤之餘相忘於大化之內遵王之道無作
好也好何容心焉遵王之路無作惡也惡
何容心焉無容心於好則所好者必其人
之善而直道行於善善矣無容心於惡則
所惡者必其人之惡而直道行於惡惡矣
世雖有三代直道而行無三代民雖有先
後直道而行無先後于以見周之民即商
之民商之民即夏之民合人人於一心貫
世世於一日也三代所以直道而行者蓋

如此柰何世至春秋聖王不作教化不明風俗由之頹敗天理因之晦蝕證攘羊者戕此直之理乞鄰醯者沽此直之名訐非直也時之直者多訐狂非直也時之直者多狂史魚之直似矣而行於既終之後下惠之直似矣而見於三黜之時是非混淆善惡倒置稱人之惡或失其真不自知其失也揚人之善或過其實不自知其過也如居蔡之事無可善者私於好者善之辭

偽之僭真可惡者昧於惡者不惡是果斯世之民不同於三代之民耶夫子慮習俗之漸染而天理將爲之終晦於此而不以理之本然者示人則是非莫辯而愈失其眞矣不以理之同然者示人則古今相判而愈失之遠矣故曰斯民也三代所以直道而行也其意以爲三代之時此天地山川也今之時亦此天地山川也天地山川今古不異何獨至於民而疑之今之民此

耳目鼻口也三代之民亦此耳目鼻口也耳目鼻口古今不異何獨至於心而疑之是則心之同則理之同理之同則民無不同民既同則天理之在人心者不爲三代之民有而今無也天理之不泯如此其所以好惡失眞者特習俗汨之耳故我之所以無所毀譽者蓋以今此之民即三代之時所以善其善惡其惡而無所私曲之民也待之於三代則所以有先褒之善而無

篠詆之惡者一三代命德討罪之意也烏得容私於其間哉噫斯言也豈獨證一己之無毀譽蓋將公天下之是非爲後世慮至深遠矣故在當時世衰道微王綱解紐亂臣賊子接迹於世人欲肆而天理滅不獨毀譽失真而已位雖不在夫子而道在不可若是恝然也於是假魯史以作春秋褒善貶惡托之魯國以及天下使亂臣賊子禁其欲而不得肆所以遏人欲於橫流

存天理於既滅而大有功於名教也噫孔
子遠矣三王邈矣
秉吾道之權以化導天下今幸有
聖天子在上謹論
表
擬宋以文彥博富弼同平章事謝表
何恕
同考試官訓導陳　批
說出文富二公敬君之意宛
然在目是宜録出

同考試官學正俞　批　典雅

考試官訓導孫　批　得體

考試官教諭林　批　可觀

臣彥博臣弼言伏蒙

聖恩以臣等同平章事者伏以

職秉鈞衡在經邦而論道位居密勿惟贊

化以調元必得非常之才謂宜不次而選

豈容凡陋叨際

光華臣彥博等誠恐誠惶稽首頓首竊念臣

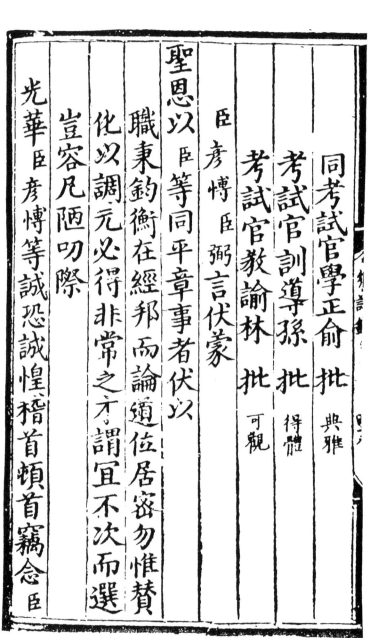

等學術荒踈天資愚昧量未足以容物知
未足以知人誠未足以格君道未足以濟
世空存沉辱徒抱朴忠早從冗散之中偶
與甄收之列歷年西蜀已來唐介之譏奉
使北朝未保契丹之信抗章乞郡瀝血輸
誠自分駑駘寧堪鞭策詎意
絲綸之重並加螻蟻之微雖非近習之黨緣終
媿士夫之慶幸
陛下謂賢於夢卜群臣辱遣以郊迎

褒寵自
天戩兢無地茲盖伏遇
○○○○
文武聖神
聰明睿智
乾剛獨運挺然而純粹精
聖德兼容隤然而直方大體
太宗之勤敬紹
藝祖之英明

誠意格
天默禱已徹於十雨
仁慈愛物宵鑠不忍於一羊
德有莫加
心無自滿孜孜圖治汲汲用人謂臣輩既
且愚必能循於忠謹雖頑而鈍尚可磨以
歲時猥冒
洪恩徒慚實用
眷求一德

聖躬已遠邁於成湯篤棐二人臣等亦何以方
周召感激
亨嘉之會忻逢
熙洽之時敢不展盡深衷堅持素守效小心
之翼翼仰
王道之平平庶傾葵藿之誠用答
乾坤之造臣等無任感
天仰
聖激切屏營之至謹奉

表稱

謝以

闕

第叄場

策五道

第一問

劉伸

同考試官訓導李　批

能詳悉造化方輿之說似此者不多見取之以式本房

同考試官訓導林　批　條荅曆志中事實畧無疑滯盖嘗披閱聖製而留心者故録

同考試官教諭張　批　敷陳詳悉策手也

考試官訓導孫　批　隨問隨荅必其素佩服聖製者

考試官教諭林　批　不爲問目所窘僅見此篇

天經地緯煥乎一代之文章乾清坤寧妙矣一心之參賛甚矣人君責任之重也上

而天道在所燮理下而地道在所經制使於此而盡焉則所以財成輔相者在此所以範圍曲成者在此萬化由之而不忒萬類由之而順成矣此自古帝王出而握乾闡坤者莫不以爲重也洪惟我

朝

太祖高皇帝頒行大明大統曆

英宗睿皇帝類編大明一統志其所以推造化於洪濛收輿圖於纖悉者可謂至精密矣

豈非
神化與天而同流
聖德與地而兼厚者哉且以曆言之總四時則
三百六十日爲一歲分四時則各九十日
爲一時然並春立夏立秋立冬圅同謂之
立矣而又言分於春秋以其居九十日之
半言至於冬夏非以其介乎巳陽午陰亥
陰子陽之間耶其曰兩水蓋以先時水氣
凝結而寒極矣今則水氣流行而爲暑之

其曰驚蟄蓋以曩者蟄蟲咸俯而閉塞矣今則雷發聲而出乎震也取齊潔之義而爲清明非以萬物齊於巽乎繼清明而爲穀雨穀必原其生之始得木之氣而成於秋也取方萌之陰而爲小滿非以致防微之意乎繼小滿而有芒種麥必要其成之終得金之氣而成於夏也以至小暑大暑則寒往暑來而爲春爲夏暑不由小以至大乎其曰處暑則大火西流而暑

於此止也其曰白露則秋金色白而露於此下也白露之後而曰寒露霜降寒乃露之氣霜乃露之結露結爲霜固有漸矣霜降之後而曰小雪大雪普雖爲霜今則爲雪由小入大亦有漸矣以至小寒大寒則暑往寒來而爲秋爲冬寒不由小以入大乎他如應陰陽之候鷹好殺而擊以秋鼠好貪而出以夜陰類也而鳩鴽皆陽類也辰卯乃陽之中故仲春則鷹化爲鳩季春

則田鼠化爲鴽蓋陰爲陽所化耳雀乳子
而集以春雉求雌而雊以朝陽類也蜃蛤
則陰類也戌亥者陰之極故季秋則雀入
大水爲蛤孟冬則雉入大水爲蜃蓋陽爲
陰所化耳以志言之表
京師爲四方之極列方岳爲諸郡之綱其曰
府曰州曰縣固各有其名矣然總揭府州
縣於先所以示我
朝之定制著郡名於後所以示歷代之沿革

北直隸在禹貢則占冀兗之域在天文則屬箕尾昴畢室壁之分南直隸在禹貢則占揚徐之域在天文則屬斗牛房心之分焉古之揚州今之浙江福建江西廣東也而斗牛女應之而江西則又界乎荆州而廣東則又帶乎翼軫也古之荆州今之湖廣廣西也而翼軫牛女應之而湖廣則引乎豫梁而廣西則控乎揚州矣四川雖梁州之域而又與荆而接壤故不特井鬼也

分而翼軫參觜亦在焉雲貴雖梁州之域而又與荊而連封故不特井鬼之分而參星翼軫亦在焉今之山西古之冀州也非參井觜昴畢之分乎今之陝西古之雍梁也非井鬼翼軫之分乎山東本青州之地而危當之似矣然無徐無兗故奎婁虛室箕尾亦在焉河南本兗州之地而角亢氐當之似矣然連豫連冀故室壁柳張亦在焉他如被華夏之化而仁柔惡殺無盜少

訟則朝鮮日本之風俗可見行者讓路而
道不拾遺則西洋古里之風俗可知由是
而言則知
大統之曆作而天道無不順
一統之志作而地道無不理故四時調七政
序際天所覆咸游於大化之中四夷來百
蠻服極地所載悉入於一統之内陋漢唐
之太初太衍過商周之禹貢職方誠可謂
冥測造化而囊括宇宙三才一體而四海

一家者矣猗歟盛哉

第二問

周偉

同考試官訓導姚　批　說心學相傳處理明義盡宛然如親聞其謦欬者可嘉

考試官訓導孫　批　能歷說諸賢之所以學非究心於性理者不能

考試官教諭林　批　自得之妙此篇能發之

論先儒之學當知其傳授之要旨究先儒

之所以學當驗乎吾心之自得甚哉人之學莫貴於聞道而道未易聞也讀先儒之書而玩其言則其見道之明語道之切師友之間相觀爲善而自得之深皆可知矣執事發策而以是啓迪之顧愚末學才雖不敏敢不罄所聞一二用資於淵源之下乎嘗求之古執中之道至孔子而傳孔子之道至孟子而著自是以後真儒寥寥而心學不傳也久矣有宋隆興五星奎聚新

楚之間大儒周子者出默契斯道發明正
學上以續洙泗不傳之統下以開河洛未
啓之學蓋卓卓乎一代偉人也周子所著
莫精於太極圖說易通二書二書之旨無
所不包其精要之旨如圖說於善惡分萬
事出之後繼之曰聖人定之以中正仁義
而主靜蓋以人之欲動情勝利害相攻苟
非此心寂然靜而無欲又何以一天下之
動乎故於易通又發之曰學聖以一爲要

一則無欲無欲則靜虛動直而聖可學也斯言誠體道之要嘗佩服之矣而自得則未敢言也程子雖非生於楚而面受周子之傳者也程子之書莫過於定性朱子謂其無下手處然曰動亦定靜亦定無將迎無內外則吾心之不能定靜而每累於將迎者可因此而知矣又曰廓然而大公物來而順應則吾心之接物不能以有爲爲應迹爾每失於憧憧者亦由是而省矣資

於二程者張子也張子之書莫過於西銘
西銘之書伊川謂其理一而分殊今以其
書句讀而言辯之其推親親之厚以大無
我之公因事親之誠以明事天之道而所
謂理一分殊者皆於是乎見矣南渡以後
講明周子之學朱子之功爲大朱子之學
得於延平之啓益尤多延平之告朱子如
論涵養則曰但存此心勿爲他事所勝論
應事則曰遇事若能無毫髮固滯便是洒

落論仁之餘曰若欲進步須靜坐默識使
泥滓漸消味斯言其啓益於朱子不亦多
乎友於朱子者張敬夫敬夫之學如論義
利之辯則曰聖學無所爲而然凡有所爲
者皆人欲之私而非天理之公又曰爲人
者無適而非利爲己者無適而非義又曰
學者當立志以爲先持敬以爲本而精察
於動靜之間味斯言則見其剖天理人欲
於毫芒而所以擴前賢之未發開後學之

正途以追迹於周子者不在於是乎雖然不登高山不知天之高不窮深淵不知地之厚不求先儒之學又安知道之自得有益於身心如此其至乎愚也求源未得陟顛未能幸進教之

第三問

何恕

同考試官訓導陳 批 史學浩瀚非薄識所能窺

此篇條答無遺是宜錄出

同考試官學正俞　批　有考據有筆力殆不可以凡士目之

考試官訓導孫　批　足見史學

考試官教諭林　批　條答無遺其涉獵諸史而有得者

對治器者本於規矩而器無不就審音者本於律呂而音無不和作史者本於春秋則上可追配於前古下可取信於來今孰得容喙於其間哉請因明問而條陳之古之史世不易業不遷官不貳事如周之史佚魯之史克晉之史蘇史黯史趙史墨皆

世掌之後世若太史談之後有遷班仲皮之後有固是也然自今觀之史記書始於談而備於遷為訓釋者若裴駰徐廣輩前後十四家然卒無有易於遷之為也西漢書肇於彪而成於固為訓釋者若韋昭顏師古輩前後三十家然卒無有以易於固之為也後漢書自謝承迄于范曄必待薛瑩司馬彪諸公交相致力而其書始行晉書自虞預迄于唐太宗必因朱鳳謝靈運

諸子而御撰始定作宋書者徐安孫廉沈
約王智深也作齊書者蕭子顯劉陟吳兢
也梁書成於姚思廉吳兢之手而謝吳姚
察亦與焉陳書出於顧野王傅縡之筆而
吳兢姚思廉亦與焉王劭等隋書既已在
唐而屢變吳兢等唐史至五代及宋而再
更三國志作於陳壽五代史作於歐陽脩
作魏書者非一人魏收魏澹張太素是也
作齊書者非一人李德林張太素李百藥

是也後周書非令狐所獨成南北史實李延壽所自作他如高氏小史姚康統史之類何莫而非諸家之史乎然諸史悉非一人爲之而遷固之書後世不能易遷固以下作者紛紛而反不及者蓋西都之治二家得之於聞見者爲甚詳與後世之史出於臆度者不同也且西都之文大畧近古遷固之史事實文核其與後世雕飾駢儷文工而實不至者又不同也遷固父子家

學相傳凡例專一其與後世之史出於衆人之手筆者又不同也此遷固之書所以永傳於不朽後世之史屢變而無定然遷固之後若溫公之作通鑑無可議者忠於溫公者有帝魏之說文公之作綱目無容談者忠於文公者有帝樿之論是則作者之筆未閣於前而論者之喙已起於後史學之難有若是夫雖然論諸家之史當折衷於綱目而綱目之作乃取法於春秋方

令鴻儒碩彥鋪張皇猷蘭臺石室具載全
書雄才鉅筆遠足以繼麟經之遺響近足
以追綱目之遐躅而班固諸子尚奚足言
愚何幸身親見之

第四問

曾大有

同考試官教諭劉　批　五策文采事實皆具而此篇其一也五色琅玕可以吽閶闔而呈矣

考試官訓導孫　批　條答無遺區處有法佳士也

考試官教諭林　批　善答

欲察守廉之人當有以求其志欲杜不廉之弊當有以清其源甚矣志在萬物之表者一物不能動其心此所以必求其志也千萬人之習俗原於一人之好尚此所以必清其源也知乎此斯可以復明問之萬一矣且廉者無欲之謂以之律身則身無不脩以之養心則心無不正誠士君子出

處之大節也在虞書有九德而廉居其一在周禮有六計而廉居其首以此觀之用人者烏可不知所表哉求之古人若子罕辭玉惟知名節為可重不知玉之可寶也鄭相郤魚惟知口腹為可賤不知魚之可受也畏四知去三惑非楊震楊秉二人之獨行乎清恐人知清恐人不知非胡質胡威一家之雙美乎付承塵之金於縣曹雷義之清白可見表鮮卑之饋於朝廷田豫

之節義可想受絲于袁毅山濤不欲自異於時也而其心自白於事露之際還椹於鄰家趙仁軌一介不取于人也而其節每驗於水酌之時鍾離意不拜詔賜之珠非惡其贓物乎吳隱黜罰剔骨之人非覺其用意乎不帶南方一物不持端溪一硯余靖包拯同一介也無地起樓臺田園貧窶祖寇準富弼均一清也至若范史雲甑中生塵范萊蕪釜中生魚馮元叔之官不帶

與馬趙清獻再任屏去琴鶴何異而非廉
節之足尚者哉方今
朝廷清明士夫砥礪然脩潔不污者固多而
囊橐金帛者尚未絕迹清苦自持者固衆
而脯醢珠玉者尤未息響誠如執事所慮
者然古今人不異何先後之可議哉茲欲
使特立獨行者盡用而貪婪無耻者絕迹
要在清其源而已然其源果安在乎端有
望於當道者之至公至明也至公則不累

於私至明則不蔽於物明以灼之公以行之彼如旌一廉也求其心無矯激寮其行無飾詐不貪緣以求舉不隨俗以改節所謂真廉者也必拔之等夷之中而待以不次之位由是貪廉別而用舍咸當此源也由是習俗淳而賢能畢進此源也若乃不清其源而欲峻法以戒貪勵俗猶以抔土而塞江河之流未見其能濟矣愚也掞前哲之清風爲吾身之軌範固不敢讓至於

廉貪之術所見不過如此惟執事進教之
幸甚

第五問

李潤

同考試官學正王　批　五策俱善答而時務一策尤斷制詳明識見高遠非留心於經濟之學者不能讀之令人起敬

考試官訓導孫　批　識時務者在俊傑信矣

考試官教諭林　批　以條治之論題意正如此

成天下之治易保天下之治難蓋治出於
息肩創始之初者常綏靜而易化治在於
積安大備之後者常侈泰而難久是以卷
阿之詩叮嚀於熙洽之日政事之書懇切
於治安之時執事發策以經國大務下詢
承學然以今觀之政事孔脩頌聲大作而
猶廑執事之慮者愚有以知執事之心即
康公賈誼之心也敢不撫所聞以對且法
者所以齊天下之動至公大定之制也其

原出於道德禮義而其用散於號令賞罰自古聖帝明王未嘗無法而能久者也我
朝上法唐虞下稽三代
祖宗立之於前
皇上守之於後若所謂制官制兵均賦明刑與夫考課選士制禮作樂之法至詳且備盡善盡美誠萬世不刊之
盛典也然法久則弊生救弊在謹始以官制言之倖進之門既杜奔競之風已息而員

無冗矣使枉者不啓息者不通才何有不堪者乎以兵制言之內無專制之權外無尾大之勢而卒無驕矣使權不少移勢不少假武何有不競乎得徵斂之宜無不經之費田賦既均矣由是而不爲聚斂者之所惑則掊尅可保其無也申律令之典下

欽恤之

詔刑獄既清矣由是而不爲苛刻者之所蔽則刑罰自無不中也黜陟幽明不徇名而

核實旌別淑慝不以功而掩過考課何公
乎公而無間名實不孚者無有焉建學立
師而陶育之有方設科取士而拔擢之有
漸養士何厚乎厚而不斁廉耻不脩者無
有焉至若今之禮固無不備推而廣之則
大禮與天地同節何患人情有不知撿乎
今之樂固無不和擴而大之則大樂與天
地同和何患和氣之不應乎是則能謹之
於始斯無弊於終而久安長治之道在是

矣愚也沐
作養之有日思補報之無由儻與計偕願以
康公之詩賈誼之書爲
今日
獻

湖廣鄉試錄後序

聖天子龍飛紀元之二年適天下大
比湖廣藩臬重臣聘官以司考
校而鑰濫與焉及期胥會於貢
院至公堂焚香籲天以出矢言
揭書命題以杜私擬凜凜乎天
地鬼神臨在上而質在傍也如

故事三試得其文之純者八十有五人錄成錀因序諸後竊惟
國家設科取士必因文以定材士之有志於用世必資文以進身然文非末技之謂而其來蓋有本焉是故雲漢昭回日星宣朗烟霞舒卷風霆鼓盪天之文所

以暢山嶽錯峙河海流行鳥獸
蕃衍草木榮茂地之文所以章
天地有是文不容自祕必假碩
大俊偉者出而當之以建天衷
以奠民彝以敘四時以攝萬類
也文之用其大矣乎柰何樂恣
肆者失之放而不檢喜馳騁者

驚於騁而不靖好摹擬者泥於
拘而不達習古拙者使人聱牙
而不可讀舉天地之緼然粹然
者而雜揉之猶弊帚漏卮雖家
藏而人有其視商彝周鼎亦已
遠矣我
國家垂統百有餘年

祖宗既涵養之
皇上又作新之迄今士類或素養於
學校或崛起於山林皆能以文
自見今諸士子得與名斯錄將
扶其所有隨計吏之春闈以與
天下士角登庸有日而所以大
斯文之用者不在茲耶引而伸

之則其文隨所發而沛然有餘

應

廷制則為典冊誥命之文居宰執
則為誨納啓沃之文列臺諫則
為獻替之文職史館則為纂述
之文握軍旅則爲征討之文以
至勒勳鐘鼎紀績太常下膏澤

于當時垂聲光于後世何莫而非此文爲之充越則天地之不容自祕者萃之我而天衷民彝四時萬類胥此焉括而其浹斯文之實用者豈不信在茲哉若侈無用之虛談以乾沒于時則

非錀之敢知

直隸常州府宜興縣儒學訓導

孫鑰謹序

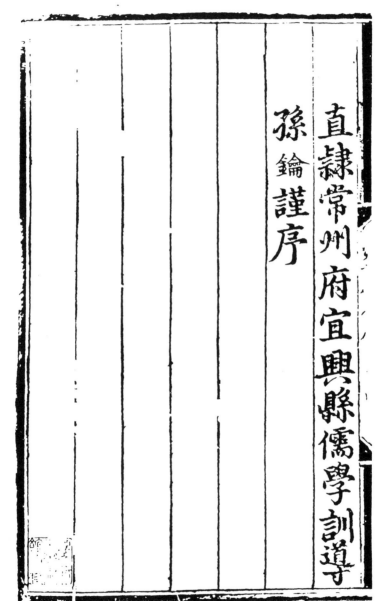